PUISSANCE
DE LA COMPASSION

Dalaï-Lama

Tenzin Gyatso, quatorzième Dalaï-Lama, guide spirituel et chef temporel du Tibet, réfugié en Inde, à Dharamsala, depuis l'invasion chinoise en 1959, a reçu le prix Nobel de la paix en 1989.

Il a publié de nombreux ouvrages destinés à divulguer le message du bouddhisme en Occident ou à guider la recherche de paix intérieure, notamment *Un océan de sagesse (1990), Le monde du bouddhisme tibétain (1996), Samsara (1996), Les voies de la félicité (1997).*

SA SAINTETÉ LE DALAÏ-LAMA

PUISSANCE
DE LA COMPASSION

PRESSES DE LA RENAISSANCE

Titre original :

THE POWER OF COMPASSION
publié par HarperCollins Publishers, Londres.

Traduit de l'anglais par Laurence E. Fritsch

Cet ouvrage est paru précédemment sous le titre :
La puissance de la compassion

© His Holiness the XIV Dalaï Lama, 1995. Tous droits réservés.
© Pocket, 1997, pour la traduction française.
ISBN 2-266-07484-9

SOMMAIRE

SOMMAIRE

PRÉFACE

Chef politique du peuple tibétain, Sa Sainteté le Dalaï-Lama en est également le chef spirituel. Mais il est surtout, de l'avis de tous, la plus haute autorité spirituelle bouddhiste reconnue dans le monde entier et la réincarnation de Chenrezig, le Bodhisattva de la Compassion. Cet homme de lettres, messager de la paix, a parcouru le monde entier afin d'attirer l'attention sur la souffrance de son peuple, de faire connaître le bouddhisme et la puissance de la compassion. Exilé, il vit à Dharamsala, en Inde, depuis 1959 à la suite de la révolte des Tibétains contre les lois que les Chinois avaient imposées au Tibet après l'invasion en 1949-1950. La lutte que Sa Sainteté a menée sans relâche, selon le principe de la non-violence pour la libération du

Tibet, a été honorée du prix Nobel de la paix en 1989. Du reste, depuis son départ en exil, elle a rencontré nombre de chefs tant politiques que spirituels dans le monde entier ; nous ne citerons que les plus représentatifs, le Président Clinton, le Premier ministre John Major, le Président Vaclav Havel, Sa Sainteté le pape Jean-Paul II, l'archevêque de Cantorbéry et l'archevêque Desmond Tutu. Ces rencontres furent autant d'occasions de partager avec les grands de ce monde son point de vue sur l'interdépendance de l'humanité et ses inquiétudes quant aux conséquences de l'intolérance, au commerce des armes et aux menaces qui pèsent sur l'environnement. Sa Sainteté n'oublie pas qu'il est avant tout un moine bouddhiste. Sa simplicité, son humour et sa convivialité désarment ses auditeurs lors de ses conférences. Partout son message est le même — il faut redonner leur place à l'amour, à la compassion et au pardon.

Le texte qui suit a été élaboré à partir d'une série de conférences publiques que Sa Sainteté a données à Londres au Wembley Auditorium, en mai 1993. C'est à la demande de beaucoup de personnes que le Bureau du Tibet, en tant que représentation officielle de Sa Sainteté le Dalaï-Lama à Londres, a transcrit le texte de ces conférences pour l'offrir au plus grand nombre.

Mme Kesang Y. Tacla
Ambassadeur de Sa Sainteté à Londres

1

Bien vivre
dans la satisfaction et dans la joie

Certains d'entre vous m'ont demandé de traiter le meilleur moyen d'affronter les différentes situations auxquelles la vie d'aujourd'hui nous confronte. Je vais tenter de m'expliquer de telle sorte que chacun d'entre vous puisse comprendre comment utiliser son potentiel intime pour aborder les événements désagréables qui nous éprouvent ici-bas ; j'entends par là la mort et les frustrations du mental telles que la colère et la haine.

En tant que bouddhiste, je suis, pas à pas, l'enseignement du bouddhisme que l'on appelle aussi le Dharma du Bouddha. Et, bien que je sois amené à parler aujourd'hui de ma propre expérience, je crois très profondément que personne n'a le droit d'imposer ses convictions à autrui. C'est pourquoi je ne vous dirai pas que ma manière de voir les choses est la meilleure, car ce jugement n'appartient qu'à vous. Si l'un des points que je vais soulever, l'un des comportements que je vais conseiller vous semble adapté à votre propre situation, alors vous pourrez le reprendre à votre propre compte pour le mettre en pratique. Sinon, laissez-le de côté. Fondamentalement, les êtres sensibles, particulièrement les humains, désirent le bonheur et redoutent la souffrance. Pour nous libérer de cette dernière, améliorer nos vies et trouver le bonheur, nous avons le droit d'utiliser différentes méthodes. Cependant, celles-ci ont une limite : ne pas empiéter sur les droits d'autrui, ni lui causer plus de souffrance. Il faut donc réfléchir très sérieusement aux conséquences tant positives que négatives des moyens mis en œuvre sans oublier d'envisager le court et le long terme. Car, s'il existe un conflit entre ces deux échéances, c'est la seconde, le long terme, qu'il faut privilégier. Du point de vue bouddhiste, rien n'est absolu, tout est relatif ; il faut donc juger en fonction des circonstances.

Nos expériences et nos sentiments sont liés à notre enveloppe corporelle et à notre esprit. La vie quotidienne nous a appris que le bien-être mental est bénéfique. Devant la même épreuve, deux personnes réagiront de façon différente en fonction de leur attitude mentale.

Même si le confort matériel se révèle utile, je ne crois pas à la résolution des problèmes humains par les machines et par l'argent. Pourtant, il est aujourd'hui devenu presque naturel de croire que celui-ci peut tout résoudre. C'est une caractéristique des sociétés matérialistes de se sentir frustrées. Et cette frustration, due à notre mental, nous rappelle qu'après tout nous ne sommes que des êtres humains, engendrés par des hommes et non produits par des machines. Nos corps ne sont pas faits de rouages purement mécaniques mais de chair et de sang. Pour toutes ces raisons, il faut sérieusement réfléchir à nos aptitudes intérieures et s'interroger sur nos motivations plus profondes.

L'accomplissement du bonheur nécessite de mettre en œuvre des moyens tant intérieurs qu'extérieurs, en d'autres termes tant mentaux que matériels. On pourrait également utiliser le terme de « développement spirituel », mais par spirituel je n'entends pas forcément religieux. Je fais plutôt référence aux qualités fondamentalement bonnes de l'homme que sont la capacité d'affection et d'engagement, l'honnêteté, la discipline et l'intelligence, lorsqu'elles sont utilisées à promouvoir le bien. Parce qu'elles sont innées, elles ne peuvent être acquises au cours de notre vie, ce qui n'est pas le cas de la foi religieuse qui apparaît par la suite. À cet égard, je distingue deux niveaux dans les enseignements religieux quels qu'ils soient. D'un côté, ceux-ci nous entretiennent de Dieu ou du Tout-Puissant ou, dans le bouddhisme, du nirvana ou de la vie future.

Mais, par ailleurs, toutes les traditions et toutes les religions nous invitent à nous comporter en homme de bien, chaleureux et généreux. Ce qui revient simplement à valoriser et à fortifier les qualités humaines positives innées.

À moins qu'une des fonctions du cerveau ne soit atteinte, tous les hommes sont dotés du même potentiel, et cette machine merveilleuse qu'est le cerveau humain recèle la source de notre force comme celle de notre devenir, à condition que nous sachions l'utiliser à bon escient, sinon nous courons au désastre. L'être humain est certainement la forme la plus achevée des êtres sensibles que compte notre planète. Il lui est donné d'être heureux, mais aussi de rendre les autres heureux, car nous avons tous une faculté créatrice naturelle qu'il nous faut utiliser ici-bas.

Je suis convaincu que l'intelligence humaine et notre inclination fondamentale à la compassion sont, par nature, deux qualités constamment mises en balance. Il arrive qu'avec l'âge nous négligions la seconde pour privilégier la première, créant ainsi un déséquilibre. Les malheurs et les épreuves apparaissent alors dans notre vie.

L'observation de différentes espèces de mammifères nous enseigne que la nature est l'agent le plus important et le plus opérant car il crée une forme d'équilibre.

S'il développe son propre potentiel, s'il a

confiance en ses propres aptitudes, chacun d'entre nous a la possibilité d'édifier un monde meilleur. À la lumière de ma propre expérience, je peux affirmer aujourd'hui que la confiance en soi est déterminante. Il ne s'agit pas là d'une sorte d'aveuglement, mais bien d'une prise de conscience de son potentiel intime. L'homme peut alors se transformer, accroître ses qualités et réduire ses défauts. Cela ne veut pas dire qu'il changera totalement. Mais sans motivation, sans but à atteindre, comment développer nos qualités ? Les bouddhistes possèdent un mot pour définir ce potentiel, il s'agit de la « Nature de Bouddha » que l'on appelle encore « Claire Lumière », la nature fondamentale de l'esprit.

L'enseignement du Bouddha est fondé sur les quatre postulats suivants ou Quatre Nobles Vérités : l'existence de la souffrance, l'existence des causes de la souffrance, l'existence de la cessation de la souffrance et l'existence d'une voie menant à cette libération. Il repose sur le principe de la causalité universelle. Pour bien le comprendre, il convient de prendre véritablement conscience du potentiel de chacun et de la nécessité de l'utiliser dans sa plénitude. C'est dans cette perspective que chaque action menée par l'homme peut avoir sa pleine signification.

Considérons, par exemple, le sourire. Par son intelligence, l'homme peut le détourner et le rendre négatif ; je pense au sourire sarcastique ou au sourire diplomatique qui n'ont d'autres buts que de créer le soupçon ou la suspicion. Je crois qu'un sourire plein d'affection et d'authenticité peut nous apporter beaucoup dans la vie quotidienne. Notre sourire dépend de notre façon d'appréhender les choses de la vie. Attendre des autres qu'ils vous sourient si vous ne souriez pas vous-même est illogique. Bien des choses, du reste, dépendent de notre propre comportement.

Considérons maintenant notre motivation et notre attitude mentale. Vous n'êtes pas sans connaître la facilité avec laquelle nos actes peuvent induire des conséquences positives ou négatives. Tout est dans la façon dont on met à profit l'intelligence et le jugement. Tout est dans l'attention que l'on porte aux bienfaits — à plus ou moins brève échéance — du bonheur obtenu. Jusqu'à un certain point, le corps est un excellent indicateur de tendances. Il suffit, par exemple, qu'un plat ou un aliment vous ait rendu malade pour que vous évitiez de le consommer. Le corps nous dit ce qui convient à notre bien-être et ce qui le met en danger. Certains jours nous avons très envie de salade verte et de légumes, et à d'autres moments nous sommes tentés par des aliments différents. En quelque sorte, le corps nous montre ce qui nous est favorable.

S'il sait être clair — en nous indiquant par la soif qu'il nous faut ingurgiter un liquide —, le corps peut aussi émettre des signaux bien plus troublants. C'est alors à l'intelligence de prendre le relais et de juger de la meilleure attitude à adopter en fonction des conséquences à long terme de l'action qui va être entreprise, même si elle doit s'opposer à notre désir immédiat. Son rôle est alors de distinguer le potentiel négatif et positif d'un événement en fonction de sa résultante. Grâce à l'éducation qu'elle a reçue, l'intelligence est en mesure de faire la part des choses, de mettre en œuvre le potentiel de l'individu dans son intérêt afin qu'il en retire un bienfait ou un bien-être.

Si l'on se tourne maintenant vers les mécanismes du mental, on s'aperçoit qu'il comporte simultanément des aspects positifs et négatifs. C'est le cas, par exemple, de deux traits de caractère très proches l'un de l'autre : la confiance en soi et l'amour-propre ou orgueil. Ils se ressemblent en ce qu'ils élèvent l'individu et le dotent d'une certaine dose de confiance et de hardiesse. Mais l'amour-propre et l'orgueil conduisent à des résultats plus négatifs que la confiance en soi. Cela nous ramène aux différents types d'ego. Le premier est l'ego négatif, celui qui ne se préoccupe que de son propre intérêt, qui méconnaît les droits de l'autre au point parfois de l'abuser par le meurtre, le vol ou toute action de ce type. Une autre sorte d'ego dit : « Je dois être un homme bon, je dois servir. Je dois assumer pleinement mes responsabilités. » Cette forme de sentiment très fort du « Je » s'oppose à certaines de nos émotions négatives. Et, à moins d'être armé d'une solide confiance en soi et donc d'un « moi » fort, il est très difficile de les combattre. Il existe donc deux types d'ego entre lesquels l'intelligence et la sagesse doivent faire la distinction. Il nous faut également savoir distinguer entre humilité véritable et manque de confiance. On peut se méprendre sur l'une et l'autre, car il s'agit là de fonctions du mental qui abaissent légèrement toutes deux l'être humain, l'une étant salutaire et l'autre non.

Il en va de même de la distinction entre l'amour bienveillant, la compassion d'une part, et le fort attachement d'autre part. S'il est vrai que tous deux sont motivés par l'attirance envers une personne ou un objet, l'attachement aura des conséquences chimériques tandis que l'amour et la compassion seront plus positifs. Ainsi, deux états d'esprit aux mêmes caractéristiques fondamentales peuvent différer par leurs résultats.

Il en va de même pour le désir. Le désir positif est celui dont la motivation est juste, alors que le désir négatif est source de problèmes. Or, le désir est le tout premier moteur permettant d'atteindre le bonheur ici et dans le futur. D'un point de vue bouddhiste, seule une forme particulière de désir permet d'atteindre la « bouddhaïté ». La littérature mahayana fait référence à deux sortes de désirs, c'est-à-dire deux aspirations. La première tend à faire du bien à tous les êtres sensibles et la seconde à parvenir pleinement à l'état d'illumination. Sans ces deux formes d'aspiration, il est impossible d'atteindre pleinement l'illumination. Face aux conséquences chimériques du désir, il existe un antidote : savoir se satisfaire de ce que l'on a. Bien qu'il y ait toujours des extrêmes, la voie du milieu est la voie juste. Et si le désir vient à vous pousser vers l'excès, c'est à votre intelligence de prendre la responsabilité d'en canaliser le flux et de vous recentrer.

La notion de satisfaction est la clé du bonheur. Elle est la clé dont dépend la réussite de la relation que vous entretenez avec ces trois points essentiels de la vie quotidienne qui sont ici-bas trois sources de bonheur : la santé physique, le bien-être matériel et les amis et compagnons qui partagent notre vie.

Dans un premier temps, considérons notre corps. Il est évident que trop s'y attacher conduit à la déception. Pour cette raison, l'apprentissage bouddhiste porte sur lui un regard qui en analyse la nature. Quant à moi, il m'est très utile de garder présent à l'esprit le point suivant : je pense très souvent à l'origine de mon enveloppe corporelle, à la nature véritable du sang, des os et de la chair. Le corps n'a rien de pur. Même l'acte de naître baigne dans le sang. C'est pourquoi, peu importe qu'il soit beau et lisse de l'extérieur puisque, à l'intérieur, le corps est de toute façon composé d'éléments souillés. Il arrive que, grâce à la couverture de la peau, il revête une très belle apparence ; mais si vous regardez de plus près, il est vraiment horrible ! Et même si vous consommez une nourriture dont la couleur, le goût et l'odeur sont avenants, elle sera mâchée, digérée et transformée en diverses souillures. Cependant, si l'on vient à tenter de supprimer celles-ci, la survie est impossible. Et ce que je dis là est valable pour les autres ainsi que pour nous-même. Bien plus, c'est le corps qui nous apporte la maladie, la vieillesse, la douleur et la mort. Pourtant, malgré ses nombreux travers, il nous est précieux parce que l'intelligence qu'il renferme nous permet d'accomplir quantité de grandes et belles choses. Voilà pourquoi, si le désir ou l'attachement au corps prend une place trop importante, la méditation sur ses aspects impurs et particulièrement la réflexion sur son origine, sa constitution et ses fonctions permettent de porter un regard plus réaliste et plus modéré sur lui.

Pareillement, il s'agit de trouver l'attitude adéquate envers les biens matériels, sous peine de devenir dépendant de nos propriétés, de nos maisons, de nos biens, ce qui rend inapte à se satisfaire de notre sort. On devient vite un éternel insatisfait dont la devise est « Toujours plus ». C'est alors qu'on entre dans une forme de pauvreté où l'on souffre du désir de posséder et du manque qu'il entraîne. C'est pourquoi on peut posséder tous les biens matériels possibles, si l'on est mentalement pauvre, on sera toujours en état de manque et l'on voudra toujours davantage.

En outre, le confort est crucial pour la société dans laquelle nous vivons, le développement matériel de l'individu contribue pour partie au bien-être de la communauté. Il est nécessaire d'entretenir ce que j'appellerai une saine émulation pour favoriser le progrès et le développement. Il n'en faut pas moins rester conscient du type de compétition en jeu qui doit demeurer amicale et ne pas sombrer dans la destruction ou la ruine de ses rivaux, mais se contenter d'agir de façon stimulante sur la croissance.

Cela m'amène à faire un parallèle, qui m'est personnel, avec le développement spirituel tel que l'entend le bouddhisme. L'entrée de la voie consiste à « prendre refuge » dans les Trois Joyaux : le Bouddha, le Dharma (la Loi, l'enseignement) et la Sangha (la communauté spirituelle). Parce qu'il est pleinement éveillé, le Bouddha ne peut être ni encouragé ni concurrencé, et, si l'on peut s'inspirer de son exemple, on ne peut pas rivaliser avec lui. Bien différente est la prise de refuge dans la Shangha, au sein de la communauté composée de compagnons spirituels qui se trouvent au tout début du chemin vers l'éveil. En effet, si l'on réfléchit aux qualités de celle-ci, on ressent une forme d'encouragement doublée d'un sentiment de rivalité avec les autres. Cette compétition-là n'est cependant pas négative ; je la trouve saine. D'autant plus que vous pouvez vous-même stimuler ceux qui vous devancent par la confiance et l'enthousiasme que vous mettez dans votre progression vers leur degré d'évolution.

En ce qui concerne l'objet du plaisir, du désir et du bien-être matériel, les écrits bouddhistes les classent en cinq catégories ; la forme, le son, les odeurs, le goût et le toucher. Qu'ils engendrent le bonheur et la satisfaction ou la souffrance et la frustration dépend de la seule façon dont vous allez les vivre grâce à votre intelligence.

De la même manière, les relations que l'on entretient avec ses amis et ses compagnons de route renferment des potentialités différentes. Il arrive qu'une certaine forme de réciprocité provoque encore plus de souffrance et de frustration, tandis qu'une autre apportera un sentiment de plénitude. L'issue de votre relation ne dépend, là encore, que de votre capacité à utiliser votre intelligence.

L'un des aboutissements, non négligeable, est la relation sexuelle. Celle-ci fait partie intégrante de la nature. Il est bien clair, par ailleurs, que s'en priver c'est condamner le genre humain. Mais pour parler des extrêmes, l'amour aveugle rend souvent plus malheureux et moins objectif. Je suis convaincu que le but principal des relations sexuelles est la reproduction, la procréation de superbes nouveau-nés. Il ne suffit pas de vouloir le plaisir sexuel, encore faut-il avoir le sens de la responsabilité et de la satisfaction. Dans ce sens, l'exemple d'autres espèces de notre planète mérite là quelque attention. En l'occurrence, certains oiseaux, tels que les cygnes, fondent leur relation sur la seule notion de responsabilité et s'unissent pour la vie. Voilà qui est admirable ! D'autres, comme les chiens, n'ont pas cette capacité et se contentent de prendre plaisir à l'acte sexuel, abandonnant l'entière responsabilité de ses actes à la mère. Voilà qui est désastreux !

Ma conviction est la suivante : en tant qu'être humain, il nous faut suivre la nature mais la façon la plus civilisée d'entretenir une relation sexuelle est de ne pas chercher la seule satisfaction d'un moment. Négliger la responsabilité du mariage, c'est avoir la vue courte. On me pose très souvent la question de cette institution et, si je n'en ai moi-même aucune expérience, je suis sûr au moins d'une chose : un mariage trop vite célébré est un danger. Il faut un long moment pour s'observer l'un l'autre, pour gagner la confiance réciproque et s'assurer de pouvoir vivre ensemble. Prendre le temps, telle est la voie juste.

Nombre de familles connaissent aujourd'hui des difficultés dues, entre autres, à une liberté trop poussée, d'autant plus que la culture contemporaine ne cesse de promouvoir le sexe et tout ce qui le concerne, ce qui n'est pas très sain. Mais, s'il faut mettre en balance le sexe et la violence, je préfère encore le sexe ! D'un autre côté, c'est aussi le sexe qui engendre la violence, et je crois que ces deux caractéristiques de notre monde moderne sont très imbriquées.

Parce que les enfants sont essentiels à la famille, le contrôle des naissances doit être considéré attentivement. Il va de soi que, d'un point de vue bouddhiste, chaque vie humaine est éminemment précieuse ; il n'est pas souhaitable de contrôler les naissances. Or la population mondiale augmente de jour en jour. La bonne exploitation des ressources naturelles permet de nourrir cinq milliards de personnes, peut-être deux à trois de plus si l'on en croit certains scientifiques. Mais il est souhaitable de ne pas être trop nombreux, car c'est là un gage de paix et d'amitié. Dans ce sens, du point de vue de l'intérêt général, la conclusion s'impose d'elle-même : parce qu'il est bénéfique à l'humanité, le contrôle des naissances est indispensable.

Je ne le répéterai jamais assez, c'est notre comportement quotidien qui détermine notre bonheur et la qualité de notre satisfaction ou notre frustration. Tout dépend de notre attitude et, parce qu'il s'agit là d'un processus mental, la motivation en est la clé.

Les écrits bouddhistes offrent une place privilégiée à la vie humaine, car vivre une vie d'homme est une renaissance favorable. Et si bien des éléments viennent améliorer celle-ci — la longévité, la santé, l'aisance matérielle, ou encore l'éloquence qui facilite la relation à autrui —, il reste, comme je l'ai déjà souligné, que c'est notre attitude seule, et la façon dont nous tirons parti de notre intelligence qui nous mène, ou non, au bonheur.

Sur ce point, les écrits font référence à la pratique des Six Perfections. Lorsqu'il s'agit d'acquérir des biens matériels, le bouddhisme considère que la générosité et le don génèrent l'opulence. Mais la pratique de ces qualités, pour être réussie, doit être fondée sur une discipline, une éthique, certains principes et une façon particulière de voir les choses. Leur éclosion est conditionnée par l'aptitude de chacun à supporter les épreuves et les circonstances adverses auxquelles elle peut être confrontée : il convient donc de mettre en œuvre un effort joyeux, lequel, pour être efficace, met en œuvre à son tour l'aptitude à se concentrer, à faire converger son énergie sur les événements vécus, les actions nécessaires et les buts que l'on s'est fixés. En retour, c'est toujours au pouvoir de jugement qu'il faut faire appel, seul capable de décider entre ce qui est désirable et ne l'est pas, entre ce qui est préjudiciable ou profitable. D'une certaine manière, les Six Perfections sont liées à l'acquisition d'au moins une des conditions du bien-être matériel.

Comment alors mettre en œuvre dans la vie quotidienne les principes stipulés par les Six Perfections ? Le bouddhisme recommande de vivre suivant l'éthique et le respect de ce que nous appelons les Dix Préceptes ou encore l'Éviction des Dix Actions Négatives. Parmi ces dix actions, l'une d'elles, que l'on appelle les « points de vue erronés ou les points de vue pervertis », prend tout son sens dans le contexte d'une croyance religieuse. Les neuf autres sont, pour ainsi dire, les dénominateurs communs de toutes les grandes traditions religieuses, qui les considèrent à l'unanimité comme négatives et indésirables pour la société.

En conclusion, la conduite juste est la voie qui permet de rendre la vie plus signifiante, plus constructive et plus paisible. Pour parvenir à ce but, tout dépend de notre comportement et de notre attitude mentale.

2

Affronter la mort : le bien-mourir

Affronter la mort dans la paix est l'un des buts les plus difficiles à atteindre. C'est une question de bon sens. Il existe deux façons de gérer le problème de la mort et de la souffrance. La première est de tenter tout simplement de l'éviter, voire de le rejeter, même si la réalité pleine et entière demeure, sans échappatoire possible. La seconde est de regarder les choses en face, de les analyser, de s'y familiariser et de se dire sans détours que c'est là une partie intégrante de notre vie.

J'ai déjà évoqué ce sujet du corps et de la maladie. La maladie arrive. C'est un fait. Ce n'est pas exceptionnel, c'est naturel, inhérent au fait de vivre. La maladie survient parce que le corps existe. Il est bien évident que nous avons le droit d'éviter la maladie et la douleur mais, malgré nos efforts lorsque la maladie est là, il est préférable de l'accepter. Et, s'il convient de faire tout ce qu'il faut pour guérir aussi vite que possible, il convient aussi de ne pas charger son mental d'un fardeau supplémentaire. Je citerai à cet égard le grand érudit indien Shantideva qui disait : « S'il existe bien un moyen de dépasser la souffrance, alors il n'y a aucune raison de s'inquiéter ; si ce moyen n'existe pas, alors il est inutile de s'inquiéter. » Voilà une attitude très rationnelle qui peut se révéler fort utile.

Après la maladie, parlons un peu de la mort. Elle fait aussi partie de notre vie. Que cela nous plaise ou non, elle arrivera. Alors, plutôt que d'éviter d'y penser, il est préférable de chercher à en comprendre le sens. Les médias nous repaissent de meurtres et d'hécatombes en tout genre, ce qui n'empêche pas certaines personnes de croire, semble-t-il, que la mort n'arrive qu'aux autres. Voilà bien leur erreur, car nous sommes tous faits de la même chair humaine, ce qui signifie que nous mourrons forcément un jour. Si la différence est énorme entre la mort naturelle et la mort accidentelle, il n'en reste pas moins vrai que mourir est inéluctable. C'est pourquoi mieux vaut se dire dès le départ « Oui, la mort fait partie de notre vie » : elle sera bien plus facile à affronter.

Là encore, il y a deux façons d'aborder la problématique de la mort. Soit on évite tout simplement d'y penser, soit on l'affronte directement afin d'être déjà conscient de ce qui se passe. De même qu'il existe deux types de souffrance : celle que l'on peut adoucir par un travail mental et celle que celui-ci ne peut alléger mais, dans le second cas, il permet d'aider l'individu à l'affronter.

Lorsque le malheur s'abat sur nous, il peut avoir deux sortes de conséquences au plan psychologique. La première est l'anxiété, l'agitation mentale, la crainte, le doute, la frustration, éventuellement la dépression, voire, dans le pire des cas, le suicide. La seconde est une démarche constructive qui consiste à reconsidérer les tenants et les aboutissants, à tirer la leçon d'une expérience tragique pour devenir plus pragmatique et se rapprocher de la réalité. Par la puissance de l'investigation, l'expérience tragique renforce et augmente la confiance que l'on a en soi et sa capacité d'indépendance. En ce sens, un événement malheureux peut engendrer la force intérieure.

Je l'ai dit, le succès de notre vie ici-bas et de nos vies futures dépend de la motivation qui nous anime et de notre détermination, ce que l'on peut également appeler confiance en soi. C'est par le biais des expériences douloureuses que la vie, parfois, prend tout son sens. Ceux qui ont tout ce qu'ils veulent depuis leur plus jeune âge, à la moindre chiquenaude du destin, sont la proie de la colère et perdent espoir. D'autres, comme les générations qui ont vécu la guerre mondiale, ont développé un mental plus fort à la suite de l'épreuve. Celui qui a fait l'expérience de la privation se tient plus fermement campé pour affronter les problèmes que celui qui a eu la vie facile. Sous cet angle, il est clair que la souffrance peut être une bonne leçon de vie.

Est-ce là un prétexte, une façon de se tromper soi-même ? J'ai, quant à moi, perdu mon pays. Bien pire, celui-ci a connu la destruction, la souffrance et le malheur. J'ai passé non pas la majeure partie, mais la meilleure partie de ma vie en dehors du Tibet. Vu sous cet angle, ce n'est guère positif. Mais prenons un autre point de vue. On s'aperçoit alors que ces malheurs m'ont apporté une autre forme de liberté, l'opportunité de rencontrer des gens différents, issus de traditions différentes, sans compter des scientifiques dans de nombreux domaines. J'ai considérablement enrichi ma vie à travers ces expériences et j'ai appris énormément de choses intéressantes. La tragédie que j'ai vécue n'a pas eu que des aspects négatifs, loin de là.

Savoir considérer les problèmes selon des points de vue différents diminue véritablement le poids du mental et sa frustration. Pour le bouddhiste, chaque événement peut être apprécié dans cette optique. Il est rare, voire impossible, qu'un aspect soit totalement négatif. C'est pourquoi, il n'est pas inutile d'ajuster sa vision, tel le photographe qui utilise des angles différents, pour découvrir les facettes positives et bénéfiques d'un sujet. Bien plus, à la moindre alerte, il faut immédiatement procéder à une comparaison avec d'autres événements, d'autres peuples et nations. C'est là une démarche très utile pour maintenir la paix de l'esprit.

C'est maintenant le moine bouddhiste qui s'adresse à vous. Lorsque Bouddha nous a enseigné les Quatre Nobles Vérités, il a placé au premier rang la vérité de l'existence de la souffrance. Celle-ci se comprend si l'on considère les trois caractéristiques de l'existence dont la première est l'impermanence. Celle-ci doit toujours être envisagée de deux façons. La première est brute et évidente : c'est la cessation de la vie, la fin d'un événement. Mais les Quatre Nobles Vérités font référence à un aspect bien plus subtil de l'impermanence, celui de la nature transitoire de l'existence.

Et cet enseignement-là donne à l'homme les moyens d'apprécier l'insatisfaction de son existence. Comprendre correctement la nature de l'impermanence, c'est en saisir la révélation profonde : chaque être vivant dont l'existence résulte de causes et de conditions diverses en dépend entièrement.

Bien plus. Ces causes entraînent également la désintégration et la mort des entités dont elles sont à l'origine. Ainsi, dans la « graine » de la cause des phénomènes se cache la « graine » de leur mort et de leur désintégration. Cela nous aide à comprendre la nature impermanente des agrégats que sont le corps et l'esprit ; ici, la cause, c'est notre propre ignorance, racine de notre existence. Ainsi, notre existence physique, notre enveloppe corporelle est gouvernée par un esprit qui se trouve dans l'état d'ignorance.

Cependant, il faut d'abord se pencher sur les aspects bruts de l'impermanence pour mieux en apprécier les niveaux subtils de ce principe. Cette réflexion nous donnera la capacité d'affronter, de déjouer notre attachement à tout ce qui est permanent ou éternel, y compris dans notre propre identité. En effet, ce lien à la permanence nous oblige à adhérer à ce qui se passe aujourd'hui dans « l'instantanéité de l'ici et maintenant », à ce qui fait la matière et à tous les éléments constitutifs de notre vie sur terre en cette présente incarnation. En relâchant notre emprise, en acceptant ce qui se passe au plus intime de nous, nous serons en meilleure position pour apprécier la valeur du travail à accomplir dans nos vies futures.

Et si la conscience de la mort et de l'impermanence est un principe crucial de la pratique religieuse bouddhiste, c'est parce que celle-ci considère que l'état d'esprit dans lequel l'individu se trouve au moment de sa mort joue un rôle capital dans la détermination de sa renaissance. D'où l'importance de cet état d'esprit — positif ou négatif — à ce moment particulier. C'est là toute l'explication de l'accent mis par le bouddhisme sur la nécessité de vivre en conscience l'impermanence et la mort.

Mais, si le propos premier de cette vie en conscience est de s'entraîner pour affronter la mort dans un état d'esprit positif et vertueux afin d'assurer une renaissance avantageuse, il a d'autres bienfaits. En particulier, il prépare l'individu à maintenir sa présence d'esprit au moment même du passage ultime. Le bouddhisme tantrique insiste spécialement sur l'état d'esprit du mourant au moment précis de ce passage, considérant qu'il est très subtil et qu'il possède donc une puissance énorme produisant un impact déterminant le continuum mental de l'individu. C'est pourquoi les pratiques tantriques mettent l'accent sur les méditations liées à la mort comme sur la réflexion concernant son processus. Cela afin que l'individu, à l'heure du grand passage, fasse bien plus que retenir sa présence d'esprit, qu'il soit en mesure d'utiliser cet état de conscience très subtil pour progresser efficacement dans l'accomplissement de la voie.

Voilà les raisons pour lesquelles il existe tant de méditations tantriques plus connues sous le terme technique de « méditations du yoga de la déité ». Ces méditations sur les divinités engagent le processus de la dissolution et permettent donc une réflexion sur les éléments lors de l'étape finale. De fait, la perspective tantrique envisage le déroulement complet de l'existence en trois étapes ; la mort, l'étape intermédiaire et la renaissance. Il s'agit dans les trois cas d'états ou de manifestations de la conscience et des énergies qui accompagnent ou propulsent la conscience, de telle sorte que l'état intermédiaire et la renaissance ne sont plus rien que des plans variés de la conscience et de l'énergie subtiles. Le meilleur exemple de cette fluctuation se trouve dans notre existence journalière pendant le cycle des vingt-quatre heures ; dans ce laps de temps, en effet, nous passons par les étapes du profond sommeil, de l'éveil et du rêve. Telles sont les trois étapes rythmant notre journée[1].

Pour préciser du point de vue des écrits tantriques la différence entre les plans subtils et grossiers de la conscience et de l'esprit, il faut d'abord définir ce que l'on entend exactement

1. Sogyal Rinpoché précise cette correspondance dans *Le Livre tibétain de la vie et de la mort*, Éditions de la Table Ronde, 1993, p. 154. « Il existe une correspondance frappante entre les degrés subtils de conscience que nous traversons durant le sommeil et les rêves et les trois bardos associés à la mort :

— L'endormissement est semblable au bardo du moment précédant la mort, pendant lequel les éléments et les processus de pensée se dissolvent, aboutissant à l'expérience de Luminosité fondamentale.

— L'état de rêve est apparenté au bardo du devenir, l'état intermédiaire où l'on possède un "corps mental" clairvoyant et extrêmement mobile qui traverse toutes sortes d'expériences...

— [Entre ces deux bardos]... se situe un état très particulier de luminosité ou Claire Lumière appelé le "bardo de la dharmata". Tout le monde le traverse, mais très peu parviennent ne serait-ce qu'à le remarquer, sans parler d'en faire pleinement l'expérience, car il ne peut être reconnu que par un pratiquant accompli. » *(N.d.T.)*

par « conscience mentale ». Trop souvent les gens ont l'impression qu'en parlant des six consciences du mental il existe une sorte de type de conscience autonome, indépendant des états physiques, qui, d'une certaine façon, serait équivalent à l'âme. C'est là une méconnaissance totale. Je pense, quant à moi, que si nous prenons le temps d'examiner le monde du mental, nous découvririons que la plupart de nos fonctions et de nos états d'esprit sont directement reliés à notre corps physique. Il ne s'agit pas seulement de la conscience sensorielle, mais aussi et surtout de la conscience mentale dont les bases physiologiques sont intimement liées à nos états physiques, — tout comme les scientifiques diraient aujourd'hui que le cerveau et le système nerveux sont les fondements physiologiques primaires de la plupart de nos expériences conscientes. C'est la raison pour laquelle, lorsque les états physiques cessent, la fonction mentale cesse également.

Mais la vraie question est la suivante : qu'est-ce qui rend possible l'éveil de certaines substances physiques — ou étapes physiologiques — à un événement mental ou à un état de conscience ? Le bouddhiste, particulièrement le disciple du tantrisme, explique ce phénomène par l'état subtil de Claire Lumière considéré comme indépendant de tout fondement physiologique. Niveau de conscience le plus subtil, cet état, lorsqu'il interagit avec une base physiologique, donne naissance au phénomène conscient et cognitif.

Il existe des signes de l'existence de la Claire Lumière. On les observe généralement sur des pratiquants religieux accomplis. Mais, pour prendre l'exemple de la communauté tibétaine en exil, j'ai connu plusieurs cas de personnes déclarées cliniquement mortes — ce qui signifie que le cerveau a cessé de fonctionner, que l'individu est décédé, mais que la décomposition du corps n'est pas encore commencée — qui restent dans cet état intermédiaire des jours et des jours. Alors que son cerveau s'était arrêté, le corps de mon dernier maître Kyabje Ling Rinpoche se maintint en un état de parfaite fraîcheur et ne commença sa décomposition qu'après le treizième jour.

Il doit bien y avoir une explication à tout cela Celle des bouddhistes est la suivante : au cours de cet état particulier, l'individu n'est pas réellement mort. Il vit encore le processus du mourir. Bien que les relations entre l'esprit et le corps aient cessé au plan grossier, elles continuent au plan subtil. Si l'on en croit un écrit tantrique remarquable, le *Guhyâsamaja Tantra*, le processus de dissolution a déjà commencé pour aboutir à l'état de Claire Lumière. À un moment, le cycle s'inverse. C'est lorsque le cycle atteint ce point de renversement qu'une nouvelle vie commence, appelée renaissance. Cet état très particulier de luminosité dure un certain temps avant que ne reprenne le processus individuel de dissolution. On peut penser que la mort se situe effectivement à ce moment intermédiaire où les éléments et les pensées se dissolvent aboutissant à l'expérience de Luminosité fondamentale ou Claire Lumière avant de renaître sous une autre forme. En ce sens, la mort n'est rien d'autre que ces instants où tout bascule et où les éléments physiologiques divers qui constituent l'individu se dissolvent pour aboutir à l'état de Claire Lumière.

En ce qui concerne la mise en œuvre du processus de dissolution, les écrits font mention de plusieurs étapes accompagnées de signes distinctifs. En l'occurrence, le retrait des éléments les plus grossiers correspond à l'apparition de signes tant internes qu'externes spécifiques. Puis, lorsque les éléments subtils commencent à se dissoudre, on ne note plus que des signes internes tels que les visions. Les scientifiques n'ont pas caché un intérêt grandissant pour ces différentes étapes du processus dissolvant, particulièrement la première. Je suis convaincu, en tant que bouddhiste, qu'il nous faut prendre conscience et tenir compte des investigations menées par le milieu scientifique. Cependant, on doit savoir faire la distinction entre les phénomènes qui résisteront à l'épreuve de la méthodologie et dont l'existence sera vérifiée scientifiquement et ceux qui seront réfutés. Bien plus, nous devrons respecter les conclusions reposant sur des méthodes éprouvées.

Lorsque la mort est devenue plus familière, par la connaissance de son processus et des signes externes et internes qui l'accompagnent, on est préparé à la recevoir. Mais si j'en crois ma propre expérience, je ne suis absolument pas sûr, aujourd'hui, que je saurai mettre en œuvre au moment opportun toutes les pratiques auxquelles je me suis préparé. Il n'existe pas de garantie à cela ! Pourtant, il m'arrive de penser à la mort avec une sorte d'excitation. Loin de la craindre, j'éprouve alors à son endroit un sentiment de curiosité qui la rend beaucoup plus facile à accepter. Et je me demande dans quelle mesure je saurai exécuter les pratiques maintes fois répétées. Il est évident que si je venais à mourir aujourd'hui, un seul poids pèserait encore sur mon enveloppe de chair : « Que va-t-il arriver au Tibet ? à sa culture ? Que va-t-il advenir de ce peuple de six millions d'âmes ? » Là est ma seule préoccupation. Et sans celle-ci je ne ressens presque aucune crainte de la mort. Sans doute est-ce une forme de confiance aveugle ! Mais voilà bien une bonne raison de réduire la crainte de la mort. Lors de ma prière quotidienne, je visualise huit yogas de la déité différents et huit morts différentes. Peut-être cette préparation me fera-t-elle défaut au moment opportun ? Mon souhait est pourtant de ne pas faillir à cet instant-là !

Il reste que cette façon d'envisager les choses aide le mental à gérer l'idée de la mort. Quand bien même il n'y aurait pas de vie future, diminuer l'angoisse est déjà bénéfique. Moins on a peur, mieux on peut se préparer. Il en va de même des batailles ; sans préparation on a toutes chances de les perdre. Ainsi, l'individu qui n'est pas pris au dépourvu saura maintenir la paix de l'esprit, celle-là même qui, lors du passage, est le fondement d'une juste motivation et la garantie immédiate d'une bonne renaissance, d'une vie meilleure à venir. Tel est le regard des pratiquants du Mahaanuttarayoga Tantrayana pour lesquels la mort est l'une des rares occasions de transformer l'esprit subtil en sagesse.

Pour ce qui nous attend après la mort, nous autres bouddhistes considérons les trois domaines de la forme, du sans-forme (de l'informel) et du désir. Deux d'entre eux, ceux de la forme et du désir, possèdent un moment opératif avant la renaissance, que l'on appelle « l'état intermédiaire ». En fait, cette complexité nous éclaire sur l'alternative qui nous est offerte. Même si nous ne sommes pas en mesure de saisir efficacement l'opportunité d'utiliser notre plan le plus subtil de conscience pour transformer la mort en une voie de sagesse, il existe un état intermédiaire, plus grossier, mais encore bien plus subtil que la conscience que nous avons à l'heure de la renaissance. Une seconde chance nous est donnée et, même si nous ne la saisissons pas, la renaissance survient et le cycle continue.

Pour saisir cette possibilité de l'état intermédiaire, pour cultiver la vigilance, il faut s'entraîner. Le bouddhisme enseigne pour cela des techniques variées afin que l'individu sache appliquer certaines formes de méditation au cours des états de rêve, de sommeil profond et d'éveil. Quelle que soit la croyance de chacun, bouddhisme ou autre religion, il est essentiel que l'esprit soit pacifié au moment de la mort, car il n'est pas question alors d'éprouver de la colère, de la haine ou tout autre sentiment agressif. C'est là un point important sur lequel tout le monde s'accorde. Même les incroyants préfèrent disparaître dans la paix. Pour ceux qui croient dans le Ciel ou dans tout autre concept, une mort paisible occupée par la pensée de leur dieu ou de leur croyance en des forces supérieures les rend plus heureux. Quant aux bouddhistes et à ceux qui pratiquent les vieilles traditions indiennes, adeptes de la renaissance et de la théorie du karma, ils considèrent naturellement qu'un état d'esprit vertueux au moment de la mort est bien plus profitable.

3

Gérer la colère et l'émotion

La colère et la haine sont nos compagnons les plus intimes. Je n'ai pas échappé à ces sentiments dans ma jeunesse mais, avec le temps, j'ai finalement trouvé beaucoup de désagréments à la colère. Aujourd'hui, le recours au bon sens, l'aide de la compassion et de la sagesse m'apportent des arguments plus puissants pour faire battre la colère en retraite.

Si j'en crois mon expérience, tout individu qui fait un effort peut évoluer et changer. Cela prendra du temps. Si l'on veut mieux gérer ses émotions, il est essentiel de procéder à l'analyse de ses pensées pour distinguer lesquelles sont utiles, constructives et bénéfiques. On préférera, bien sûr, celles qui nous calment, nous relaxent et nous rendent la paix de l'esprit à celles qui génèrent la peur, le mal-être et la frustration. La démarche est la même que celle que nous adoptons pour ce qui nous est extérieur. Nous n'utilisons, par exemple, que les plantes, les fleurs et les fruits qui nous sont bénéfiques, apprenant à reconnaître et même à détruire les autres. Il en va de même de notre monde intérieur. Il serait simpliste de s'arrêter à la dualité « corps »-« esprit ». À l'instar du corps, composé de milliers de particules différentes, nos pensées sont multiples et les états par lesquels passe notre mental, innombrables. La sagesse veut que nous portions un regard très attentif sur le monde de nos pensées afin de faire la distinction entre les états bénéfiques et les états douloureux, dans le but d'entretenir et de développer les premiers.

Les Quatre Nobles Vérités enseignées par le Bouddha constituent le fondement du Dharma du Bouddha. La troisième Noble Vérité est la cessation de la souffrance. Si l'on en croit Nagârjuna, « cessation » fait ici référence à l'état d'esprit, c'est-à-dire à la qualité du mental qui, par la pratique et l'effort, permet de mettre fin à toutes les émotions négatives. Il définit la cessation véritable comme l'état dans lequel l'individu a atteint la perfection, libéré des effets pernicieux des émotions et des pensées négatives. C'est parce que cette étape est pour le bouddhiste un authentique Dharma que les pratiquants de notre philosophie prennent refuge en lui. Le Bouddha devient lui-même objet de refuge et de respect dans la mesure où il a réalisé cet accomplissement. Là est la véritable raison de notre dévotion au Bouddha et de notre refuge en lui. Ce n'est pas l'homme exceptionnel qu'il était depuis le début que nous adorons, mais bien un être réalisé, accompli, qui a atteint l'état de véritable cessation de la souffrance. Si nous prenons refuge dans la Sangha, c'est-à-dire la communauté spirituelle, c'est également parce que ses membres cheminent sur la voie qui mène à la libération de la souffrance, même s'ils n'en sont qu'à leurs tout premiers pas.

Et cet affranchissement, pour qu'il soit véritable, ne peut être que le fruit d'un mental libéré, purifié des émotions et des pensées négatives grâce à l'application d'antidotes et de contre-poisons. Car la véritable cessation est un état du mental, et les facteurs qui l'engendrent en sont, tout autant, des fonctions. En outre, le fondement sur lequel cette purification se met en place est le continuum mental. Il est donc essentiel, si l'on désire pratiquer correctement le bouddhisme, de comprendre la nature de l'esprit, du mental. Cela ne signifie pas que tout ce qui existe n'est que le reflet ou la projection de celui-ci et que rien n'existe en dehors. Si l'on dit souvent du bouddhisme qu'il est la « science de l'esprit », c'est bien parce que la pratique bouddhiste accorde une importance considérable à la bonne compréhension de la nature de celui-ci.

Les écrits définissent, en règle générale, une

émotion ou une pensée négative comme un « état » qui trouble l'esprit de quelqu'un, c'est-à-dire son mental. Elles affligent l'individu, engendrent le mal-être par l'agitation qu'elles font naître en nous. Pourtant l'émotion n'est pas nécessairement négative. Lors d'une conférence dans le milieu scientifique à laquelle j'assistais en compagnie de nombreux psychologues et neuropsychiatres, on démontra que même les Bouddhas éprouvaient des émotions si l'on s'en tient à la définition scientifique des spécialistes présents. Ainsi, *karuna* — la compassion ou la bonté infinie — peut être comprise comme une forme de l'émotion.

Certes, les émotions peuvent être salutaires, mais la colère est préjudiciable, qui fait immédiatement naître une sorte de mal-être, d'embarras, avant d'engendrer à plus long terme des actions aux conséquences douloureuses pour autrui comme pour soi-même. Telle est ma définition des émotions négatives.

Deux types de colère peuvent se présenter. Le premier peut être transformé en émotion positive. Prenons l'exemple d'une personne qui éprouve un intérêt sincère, une véritable compassion à l'endroit de quelqu'un qui ne prend pas garde aux avertissements qu'il reçoit, il arrivera un moment où il n'y a plus d'autre alternative que d'employer plus ou moins « la force » pour arrêter ses méfaits. La pratique de tantrayana comporte alors des techniques méditatives permettant de transformer l'énergie de la colère. C'est pour cette raison qu'il existe des divinités colériques. Mue par la compassion, la colère peut, en certains cas, se révéler fort utile pour stimuler notre énergie et nous permettre d'agir avec célérité.

La colère engendre souvent la haine, toujours négative. Cette dernière est la demeure de la mauvaise volonté. On peut dire qu'elle comporte deux plans : le profane et le bouddhiste. Si l'on s'en tient au plan profane sans référence à une quelconque tradition religieuse ou idéologie, on considère généralement que les principales causes du bonheur sont une santé florissante, le confort matériel, la compagnie de partenaires agréables. Quant à la santé, la haine et toutes les émotions négatives exercent sur elle une influence très néfaste et, pour la préserver, préoccupation du plus grand nombre, il faut s'intéresser au mode de fonctionnement du mental. Celui-ci devrait rester calme et serein, même si l'angoisse, lot de tout être humain, sourd à un moment ou à un autre. Telle une vague qui naît de l'eau et se dissout dans l'eau, les perturbations sont de très courte durée, si courtes qu'elles ne devraient pas affecter l'équilibre fondamental de notre psychisme. Quand bien même il est impossible d'éliminer toute émotion négative de notre vie, nous en serons d'autant moins affectés que notre mental restera fondamentalement sain et serein. Cette quiétude, en maintenant une pression artérielle normale, permet à la santé de s'améliorer. Et si je ne suis pas en mesure d'expliquer les raisons scientifiques de cet état de fait, je suis, quant à moi, persuadé que ma condition physique s'améliore avec l'âge. Mon hygiène de vie, mon médecin, ma nourriture sont les mêmes ; c'est donc mon mental qui évolue ! Les gens m'interpellent parfois, admiratifs, et me disent : « Vous utilisez un de vos secrets de médecine tibétaine. » C'est faux !

D'un caractère très emporté dans mes jeunes années, je prenais parfois l'excuse de celui de mon père, qui n'était guère plus calme, comme si ce défaut se transmettait par les gènes. Avec le temps, je n'éprouve presque plus de haine pour quiconque, même à l'égard de ces Chinois qui ont apporté misère et souffrance au peuple tibétain.

Certains de mes intimes ont une tension artérielle élevée sans pourtant jamais tomber malade ni se sentir fatigués. Au fil des ans, j'ai donc eu l'occasion de rencontrer quelques pratiquants accomplis. Dans le même temps, d'autres amis, qui bénéficient d'un confort matériel enviable, se mettent immédiatement à se plaindre et à gémir après les quelques mots de bienvenue de courtoisie. Malgré leur prospérité, ils n'ont pas atteint la paix de l'esprit, ce qui les amène à se préoccuper sans cesse de leur digestion, de leur sommeil, de leurs incommodités ! L'attitude mentale apparaît comme un facteur essentiel de la santé.

Pour la maintenir, n'appelez pas le médecin, regardez en vous. Tâchez d'utiliser votre potentiel, cela vous coûtera moins cher !

Le confort matériel fait partie des critères de bonheur. Il m'arrive parfois de m'éveiller au petit matin l'humeur morose et de regarder ma montre avec déplaisir. Le lendemain, peut-être grâce à l'expérience du jour précédent, je me réveille en paix avec moi-même et de joyeuse humeur. Et je trouve ma montre extraordinairement belle. Pourtant elle n'a pas changé, elle est exactement la même ; la différence réside dans le regard que je porte sur elle et qui vient de mon mental. Il en va de même pour la satisfaction que nous apporte le confort matériel.

Il n'est pas bon d'être sous l'emprise de la colère. Pour parler encore de moi, j'ai réparé des montres dans mes jeunes années. Bien souvent j'échouais dans mes tentatives, je perdais patience et donnais un grand coup sur l'objet ! La colère que j'éprouvais altérait l'ensemble de mon comportement dont j'étais très honteux quelque temps après. Si mon but était vraiment de réparer la montre, pourquoi donc la frapper ? Là encore, tout est dans la façon dont nous envisageons les choses, et c'est de notre seul mental que vient notre satisfaction ou notre frustration.

Que dire maintenant de nos compagnons ? Lorsqu'on est mentalement calme, on est d'évidence plus ouvert et plus objectif. Prenons un exemple ; il y a quatorze ou quinze ans de cela, j'ai fait la connaissance d'un Anglais nommé Phillips, qui entretenait une étroite relation avec le gouvernement chinois, y compris avec Chou En-lai et d'autres éminents chefs politiques. Il les connaissait depuis de nombreuses années et faisait parfois partie de leurs intimes. En 1977 ou 1978, M. Phillips vint me voir à Dharamsala. Il m'apporta des films et m'entretint des aspects positifs de la Chine. Au tout début de notre conversation, nos rapports n'étaient pas très cordiaux, car nous étions d'opinions totalement divergentes. Pour lui, la présence chinoise au Tibet se révélait salutaire. Mon avis, qui se fondait sur de nombreuses enquêtes, était tout à fait contraire. Sans avoir de sentiments agressifs à son égard, je considérais simplement que son point de vue était dû à son ignorance. En effet, les Tibétains qui avaient rejoint le parti communiste chinois dès les années trente et s'étaient engagés dans la guerre sino-japonaise avaient accueilli avec enthousiasme l'invasion chinoise et les communistes : ils avaient agi ainsi parce qu'ils étaient convaincus de l'opportunité exceptionnelle de développer le Tibet grâce à l'idéologie marxiste. Ils ont collaboré avec les Chinois parce qu'ils mettaient réellement tous leurs espoirs en eux. Puis, en 1956 ou 1957, nombre d'entre eux furent « démissionnés » de leur poste, certains furent jetés en prison, d'autres disparurent. Je lui expliquai alors que nous n'étions ni antichinois ni anticommuniste — je me considère même quelquefois comme à demi bouddhiste et à demi marxiste. Je lui exposai donc ces différents arguments avec beaucoup de franchise et de sincérité, ce qui eut pour effet de modifier totalement son comportement. Communiquer, au plan humain, permet de laisser de côté nos différences et, par les échanges, d'engendrer des sentiments bienfaisants dans l'esprit d'autrui.

Je suis également persuadé que si le quatorzième Dalaï-Lama souriait un peu moins, ses amis seraient beaucoup moins nombreux. Cette attitude envers tout être humain, qu'il soit président, roi ou mendiant, efface les différences et il ne reste qu'un sentiment humain authentique et un authentique sourire porteur d'affection.

Cela a bien plus de valeur qu'un statut social. Je ne suis qu'un être humain. Au fil de l'expérience et d'une certaine discipline au plan mental, j'ai mis en place un nouveau comportement. Il n'y a là rien d'exceptionnel. Vous tous, avec une bien meilleure éducation et davantage d'expérience que moi, avez encore plus de possibilités d'évoluer intérieurement. Je viens d'un petit village sans grands moyens éducatifs et sans connaissance profonde du vaste monde. Dès l'âge de quinze, seize ans, j'ai eu à supporter un poids inimaginable sur mes épaules. C'est pourquoi chacun de vous devrait prendre conscience de son potentiel et qu'il peut vraiment changer s'il en a le désir pour peu qu'il ait un peu de confiance en soi et fasse quelques efforts. Si votre vie aujourd'hui n'est pas agréable ou trop difficile, ne considérez pas les choses du point de vue négatif. Regardez l'aspect positif, voyez la « graine », le potentiel et faites un effort. Dès ce moment, votre attitude sera garante de votre succès. Si vous utilisez votre énergie positive et vos qualités d'homme, vous viendrez à bout de vos problèmes d'homme.

Dans les relations avec nos compagnons humains, là encore le mental joue un rôle essentiel. Qu'il soit croyant ou non, l'individu trouve son bonheur dans le regard qu'il porte sur son environnement. Une santé satisfaisante, une utilisation correcte des biens matériels, des relations agréables avec autrui constituent une part essentielle d'une vie heureuse. Davantage d'argent vous apportera des soucis et le désir d'en posséder encore plus, pour en devenir finalement l'esclave. Utile et nécessaire, il n'est pas pour autant la cause profonde du bonheur. Il en va de même de l'éducation qui, si elle n'est pas équilibrée, peut entraîner l'individu dans le cercle vicieux de l'anxiété, de l'âpreté au gain, des besoins toujours grandissants et de l'ambition démesurée — en un mot dans une souffrance mentale toujours accrue. Quant aux amis, il arrive bien souvent aussi qu'ils soient cause d'ennuis.

Il est temps d'envisager maintenant comment réduire la colère et la haine. Il s'agit d'abord de prendre conscience de l'aspect destructeur de certaines de ces émotions. Je considère quant à moi que la haine est l'ennemie principale. Par ennemi, j'entends la personne ou le facteur directement ou indirectement destructeurs de notre attention, car c'est cette attention vigilante à autrui, cette sollicitude qui engendre finalement le bonheur.

Il ne faut pas pour autant négliger l'ennemi extérieur. Pour moi, nos frères et sœurs chinois sont en train de spolier les droits des Tibétains, créant par là même souffrance et inquiétude. Quelle que soit la force et la violence de cette destruction, elle ne peut s'attaquer à la source ultime de mon bonheur : la quiétude de mon esprit, qu'un ennemi extérieur n'a pas le pouvoir d'atteindre. Notre pays envahi, nos possessions mises à sac, nos amis tués... tout cela est secondaire au plan de la sérénité du mental, car la source ultime de celui-ci est la paix de l'esprit. Rien n'est capable de la détruire hormis ma propre colère.

Bien plus. On peut échapper, se dissimuler aux yeux d'un ennemi extérieur, parfois même le tromper. Et si l'on vient troubler la paix de mon esprit, je peux fermer ma porte à double tour et m'asseoir en silence, solitaire. Mais cela, jamais je ne pourrai le faire en état de colère, car où que j'aille elle sera toujours là. La porte peut être verrouillée, la colère sera toujours en moi. Et à moins d'adopter une discipline spécifique, impossible d'y échapper. En ce sens, la haine et la colère — spécialement la colère négative —

sont les vrais fléaux qui détruisent la paix de l'esprit.

D'aucuns prétendent qu'il est préférable de ne pas supprimer les émotions mais de les laisser s'exprimer. Il convient de différencier les émotions négatives. La frustration, par exemple, peut résulter d'événements passés. Les dissimuler, les refuser comme c'est souvent le cas lors d'un viol, ne fera qu'engendrer des problèmes — plus ou moins conscients. Il est là bien préférable d'exprimer sa frustration et d'ouvrir la porte de son cœur et de son corps. Pour la colère, elle ne fera que croître et empirer si nous ne tentons pas de la réduire, le moindre incident nous mettra immédiatement dans tous nos états. Alors qu'en essayant de la contrôler, de la maîtriser, même de grosses perturbations ne sauront plus l'éveiller. Seuls l'entraînement et la discipline permettent d'évoluer dans ce sens.

Au moment où la colère monte, une technique fondamentale peut aider à garder son calme. Il ne faut surtout pas céder à la frustration, car c'est elle qui a engendré la colère. La cause et l'effet sont naturellement liés et, lorsque les conditions en sont remplies, il est très difficile de prévenir le mécanisme qui va jusqu'au bout de sa logique. Procéder à l'examen de la situation suffisamment tôt est primordial pour stopper le processus déclenchant la réaction en chaîne. Dans le texte bouddhiste, le *Guide du Bodhisattva*, le grand érudit Shantideva explique à quel point il est important de s'assurer qu'on n'entre pas dans un cercle vicieux qui conduirait à l'insatisfaction, « gráine » de la colère. En d'autres termes, cela signifie qu'il faut avoir une position suffisamment distante tant envers les biens matériels, nos compagnons et nos amis qu'envers toutes les situations qui nous sont proposées. Insatisfaction, tristesse et désespoir sont en réalité liés à toutes sortes de phénomènes ; si l'on n'adopte pas un regard, une vision justes, n'importe quel événement, même minime, peut en devenir le prétexte. Il est même concevable que, chez certains, le seul nom de Bouddha provoque la colère alors qu'il n'en serait pas ainsi s'ils avaient un contact direct et personnel avec un Bouddha. Tous les phénomènes peuvent potentiellement engendrer l'insatisfaction. Ils font partie intégrante de la réalité et nous sommes assujettis aux lois de l'existence ; ce qui nous laisse une seule option, changer notre comportement. En regardant différemment les choses et les événements, ceux-ci prendront une autre valeur : ils deviendront nos amis et non des causes de frustration.

Voilà qui permet d'envisager différemment l'ennemi. Avoir un ennemi n'est pas enviable, cela dérange notre sérénité et détruit bien des intentions positives. Mais, si notre point de vue évolue, on verra que c'est une opportunité de pratiquer la patience. Seul un ennemi peut nous amener à expérimenter la tolérance. Le bouddhiste que je suis considère que Bouddha a complètement échoué sur un point, celui de nous permettre la pratique de la tolérance et de la patience. Heureusement, il nous est donné d'expérimenter ces qualités avec certains membres de la Sangha ! Sinon l'occasion serait trop rare puisque nous ne connaissons pas la majeure partie des cinq milliards d'humains peuplant cette terre. Il va de soi que la plupart des habitants de cette terre ne nous offrent pas l'opportunité de faire montre de tolérance et de patience. Seules les personnes de notre entourage qui nous posent problème nous permettent, et c'est une chance, de pratiquer ces deux qualités.

Vu sous cet angle, l'ennemi devient le meilleur maître pour le pratiquant. Shantideva développe même fort brillamment que nos ennemis, ou ceux qui nous portent préjudice, sont, en réalité, très dignes du respect et de la considération dus aux maîtres exceptionnels. On objectera qu'on ne peut respecter celui qui n'a pas l'intention de nous venir en aide ; qu'il soit salutaire, et nous apporte un bienfait, est pure coïncidence. Shantideva va plus loin en prétendant que si tel était le cas, nous autres qui pratiquons le bouddhisme ne devons pas considérer l'état de cessation comme un refuge, puisqu'il ne s'agit que d'un simple état d'esprit qui ne peut nous aider. On peut alors arguer du fait que, si tout cela est vrai, au moins la cessation de la souffrance n'a pas l'intention de nous porter tort, ce qui n'est pas le cas des ennemis. Raison pour laquelle ces derniers ne sont pas dignes de respect. Shantideva prétend que c'est justement cette intention, caractéristique de l'ennemi, qui le rend exceptionnel, car si elle n'existait pas, alors la personne ne serait pas considérée comme un ennemi et notre attitude à son endroit serait totalement différente. Grâce à sa volonté de nous porter tort, une personne devient un ennemi et c'est à cause de cette qualité qu'il nous donne la chance de pratiquer la tolérance et la patience. Voilà pourquoi un ennemi est en fait un excellent maître. Réfléchir à ces arguments permet de réduire les émotions négatives du mental, particulièrement de la haine.

Il arrive que celle-ci soit ressentie comme utile parce qu'elle donne plus d'énergie et plus de courage et donc nous protège face aux difficultés. Mais, l'énergie apportée par la colère est essentiellement de l'aveuglement et nous n'avons aucune garantie qu'elle ne devienne destructrice et ne spolie notre attention. D'où l'inutilité totale de la haine et de la colère.

Cependant, si l'on reste trop humble, il se peut que les autres nous exploitent. Comment réagir ? simplement, avec sagesse et bon sens, sans haine ni colère et, si la situation l'exige, prendre les dispositions qui s'imposent sans colère. Les actes pris alors sont d'autant plus efficaces. Dans une société où la compétition a force de loi, la nécessité de réagir et de contrecarrer les intentions d'autrui s'impose très souvent. Là encore, l'exemple tibétain est riche d'enseignements. Si notre ligne de conduite est celle d'une authentique non-violence et de la compassion, cela ne signifie en aucun cas qu'il faut plier devant l'agresseur et se soumettre. En revanche, sans colère et sans haine nous serons plus efficaces dans cette lutte.

Une autre sorte de pratique de la tolérance induit de se charger consciemment de la souffrance d'autrui. Il s'agit des situations dans lesquelles nous sommes conscients des épreuves et des difficultés que l'engagement que nous prenons d'agir impliquera à court terme, mais dont nous sommes convaincus qu'il aura un effet bénéfique à long terme. Et c'est parce que nous souhaitons aboutir à cette heureuse conséquence que nous nous engageons consciemment et choisissons d'assumer les problèmes immédiats.

Ainsi, l'un des moyens les plus efficaces pour maîtriser l'influx des émotions négatives telles que la colère et la haine est de cultiver leurs contraires, les qualités positives du mental et de l'esprit : l'amour et la compassion.

4

Donner et recevoir
La pratique de l'amour
et de la compassion

La compassion est la plus précieuse des qualités et elle présente un caractère magique. À bien y regarder, il est fort encourageant de constater que la nature humaine est, du moins c'est ce que je pense, fondamentalement douce et aimante. Il m'arrive de discuter avec des amis persuadés du contraire, et particulièrement de notre agressivité. Toutefois, l'étude de la structure du corps humain montre que celui-ci est proche des espèces de mammifères dont le mode de vie est plus calme et pacifique. Et je ne plaisante qu'à moitié quand je prétends que nos mains sont conçues davantage pour étreindre que pour frapper. Dans le second cas, je ne vois pas bien quelle serait l'utilité de nos doigts qui sont une création magnifique de la nature. Pour être efficace, un boxeur a besoin de poings et non pas de doigts en extension. Cela montre assez que notre structure physique est organisée fondamentalement pour créer la compassion et la douceur.

Quant aux relations que l'on entretient avec l'autre, le mariage et la conception en sont deux éléments essentiels fondés sur l'amour. Le mariage ne doit pas reposer sur un amour aveugle ou une passion un peu folle, mais s'enraciner dans la connaissance, la compréhension réciproques et l'assurance de se sentir capable de vivre ensemble. Cette institution ne doit pas répondre à une satisfaction éphémère mais engage notre capacité à vivre en êtres responsables. Tel est l'amour authentique, autour duquel on peut construire une union.

Concevoir un enfant s'insère dans ce type de comportement moral et mental. Selon certains scientifiques, la quiétude d'esprit de la mère produit un effet très positif sur le fœtus, tandis qu'un état mental négatif, nourri de frustrations et de colère, hypothéquera le développement harmonieux de l'enfant, alors même qu'il est encore dans la matrice. Un scientifique m'a confié que les toutes premières semaines après la naissance sont primordiales, car c'est à cette époque que le cerveau de l'enfant se développe. À ce moment crucial, le contact de la mère ou de toute personne qui en ferait fonction est essentiel. Cela montre à quel point, alors même que le nourrisson ne peut prendre conscience de qui il est, il a un besoin physique d'affection. L'absence de ce sentiment serait extrêmement préjudiciable à l'harmonieux développement de son cerveau.

Dès la naissance de l'enfant, la mère commence par le nourrir de son lait. Qu'elle ressente elle-même un manque d'amour ou tout autre sentiment négatif envers son bébé, le lait ne pourra plus couler. Au contraire, si elle nourrit son bébé dans la douceur de l'amour, il s'écoulera librement en dépit de la douleur, voire de la maladie. Cet échange est le plus précieux des joyaux. La réciproque est également vraie ; si l'enfant manque d'intimité avec sa mère, il peut très bien ne pas téter. Tout cela est une preuve de la magie qui s'opère lorsque l'affection est partagée. Et c'est là ce qui se passe au tout début de notre vie.

Abordons maintenant l'exemple de l'éducation. La démarche est identique. À la lumière de ma propre expérience, l'enseignement reçu de maîtres qui ne se contentaient pas de pédagogie mais montraient de l'affection et de l'attention à l'endroit du disciple s'est révélé bien plus riche et efficace. L'étude dans la contrainte ou la peur du professeur ne porte pas toujours ses fruits. La capacité d'amour de l'enseignant est essentielle. Il en va de même à l'hôpital. Quelle que soit la compétence du médecin, s'il montre un intérêt véritable pour ses patients, s'il leur sourit, ils se sentent déjà beaucoup mieux. À l'opposé, le médecin peu chaleureux, tout grand expert qu'il puisse être, nous indispose, nous rend nerveux, nous angoisse. Telle est la nature humaine !

Enfin, prenons comme sujet de méditation la vie humaine. Au commencement dans nos jeunes années, et à la fin quand les années ont blanchi nos cheveux, nous dépendons considérablement de l'affection d'autrui. Entre ces deux âges, nous n'accordons que peu d'attention et n'apportons que peu de considération à l'aide d'autrui, car nous sommes alors persuadés que nous pouvons nous passer de l'affection des autres. Pourtant, c'est bel et bien à ce moment-là qu'il faudrait la cultiver en profondeur. Celui qui se sent seul dans une grande ville ne manque pas de compagnie, mais bien de véritables relations humaines. La force de son mental s'en trouve considérablement appauvrie. Tandis que celui qui grandit et évolue entouré d'affection se développera harmonieusement tant au plan physique que mental, et son comportement n'en sera que plus convivial. Les enfants ayant cruellement manqué d'affection sont souvent agressifs. Tout cela indique clairement ce que sont les assises de la nature humaine. Le corps humain n'aime rien tant que la paix de l'esprit. Tout ce qui nous perturbe affecte notre santé, preuve que notre structure globale est adaptée à un environnement incluant l'amour. Nous possédons intérieurement un potentiel de compassion, dont il faut prendre conscience, pour l'enrichir et tenter de le mettre à profit. Là, et là seulement, réside le choix qui incombe à l'homme ici-bas.

Cette longue démonstration vise à révéler que nous sommes des êtres de compassion par nature. La compassion nous est nécessaire et nous pouvons la cultiver. À ce stade, il faut bien en comprendre le sens exact. Chaque philosophie, chaque tradition propose sa propre interprétation. Certains de mes amis chrétiens pensent que l'amour ne peut vivre sans la grâce divine ; en d'autres termes, la foi est nécessaire à l'épanouissement de la compassion. Les bouddhistes considèrent que la compassion authentique repose sur la claire acceptation que les autres, comme eux-mêmes, désirent le bonheur et qu'ils ont le droit de maîtriser la souffrance. Partant de ce postulat, chacun d'entre nous est motivé par le bien-être de l'autre, indépendamment de l'attitude que celui-ci puisse manifester à notre égard. Telle est la compassion.

L'amour et la compassion que l'on éprouve envers ses amis se révèlent bien souvent n'être que de l'attachement. Notre sentiment ne repose pas sur la conscience que tous les êtres ont le même droit au bonheur et à la libération de la souffrance, mais sur un sentiment de possession confirmé par les expressions : « C'est le mien, c'est mon ami ». C'est pourquoi, dès que l'attitude de la personne change à notre endroit, l'intimité qui nous lie disparaît immédiatement. Dans l'autre cas, la motivation est totalement indépendante du comportement de l'autre, car on considère cette personne comme un être humain, pourvu des mêmes droits que nous devant la souffrance. Notre motivation est constante, quel que soit l'intérêt que l'autre nous porte, amitié, indifférence ou animosité. La compassion authentique est plus saine, parce que impartiale, désintéressée et fondée sur la raison. L'attachement qui est le fait d'un esprit étroit est, quant à lui, de parti pris.

Face à ces deux sentiments contradictoires, la pratique bouddhiste conseille de commencer par méditer sur l'égalité des droits et l'égalité d'humeur, afin de se détacher de ceux qui nous sont très proches. Puis elle invite à refouler les sentiments négatifs envers les ennemis, car tout être sensible doit être considéré comme un égal. Ce n'est que sur cette base fondamentale que se développera peu à peu une compassion authentique qui ne ressemble en rien à de la pitié ou à un sentiment de supériorité. Du reste, cette compassion-là nous incline à considérer les autres comme plus importants que nous-mêmes.

Pour faire naître une compassion authentique, il faut donc d'abord cultiver l'équanimité, l'égalité d'humeur et d'attitude à l'endroit de l'autre. Sans cette capacité de distanciation par rapport à tous ceux qui nous entourent, nos sentiments seront forcément partiaux.

Voici, rapidement, l'exemple d'une technique de méditation bouddhiste conduisant à cet état d'esprit. Dans un premier temps, pensez à quelques-uns de vos proches auxquels vous êtes très attachés. Ensuite, à des gens qui vous sont totalement indifférents. En troisième lieu, enfin, à des gens que vous n'aimez pas du tout. Ceci fait, essayez de laisser votre esprit aller, s'abandonner à son état naturel et analysez la réponse qu'il donne à chacune de ces rencontres. Vous observerez vite que la réaction naturelle est celle de l'attachement envers les amis, du rejet de ceux que vous considérez comme des ennemis et d'une indifférence totale envers les personnes neutres. Commencez alors de vous interroger. Comparez les conséquences de l'attitude contradictoire que vous adoptez envers vos amis et vos ennemis et réfléchissez à la raison pour laquelle vous manifestez des réactions aussi variables envers ces deux groupes de personnes. Au vu des conséquences sur votre esprit, vous conviendrez de la futilité de ce comportement. J'ai eu l'occasion d'envisager avec vous le pour et le contre d'un comportement haineux, et de la colère envers ses ennemis. De même, j'ai déjà évoqué les inconvénients d'un attachement extrême à ses amis. Réfléchissez bien à tout cela et tentez de minimiser les émotions trop fortes envers les deux groupes opposés. Revenez à l'égalité fondamentale entre tous les êtres sensibles. De même que vous êtes animés du désir instinctif et naturel d'être heureux et libérés de la souffrance, tous les êtres sensibles sont mus par la même motivation ; et comme vous, ils ont le droit de réaliser cette aspiration innée. Quelles sont d'ailleurs les racines exactes de cette discrimination ?

Si l'on considère l'humanité comme une totalité, nous ne sommes rien d'autre que des animaux sociaux. Les structures de l'économie et de l'éducation modernes et, en règle générale, de notre société contemporaine illustrent assez à quel point le monde a rapetissé : nous dépendons réciproquement les uns des autres. Une seule alternative, vivre et travailler ensemble en harmonie, tout en gardant toujours présente à l'esprit l'attention à l'humanité tout entière. Voilà bien la seule voie à adopter pour notre survie.

Par nature, les intérêts des êtres humains sont dépendants des autres. Mon bonheur, par exemple, dépend du leur ; ainsi je me sens automatiquement un peu plus heureux près de gens heureux et un peu plus malheureux au contact de gens en difficulté. Les images télévisées des massacres en Somalie où ni les vieillards ni les jeunes enfants ne sont épargnés nous attristent immédiatement, indépendamment du fait que cela puisse engendrer de notre part une participation active ou non à leur réconfort.

Quotidiennement, nous bénéficions de diverses facilités matérielles grâce à l'action directe ou indirecte des personnes de notre entourage. Une chose en entraîne une autre. Il est impossible de revenir en arrière, au mode de vie des XVIe ou XVIIe siècles, lorsque nous ne dépendions que d'instruments simples et non de machines sophistiquées. C'est une évidence de constater que notre confort est le fruit des actions de très nombreuses personnes. Notre lit a demandé bien des heures de travail et des intervenants différents, ainsi que la préparation de la nourriture que nous ingérons, spécialement pour ceux qui ne sont pas végétariens. La renommée est également un phénomène exemplaire de cette interdépendance puisque, sans la présence d'autrui, ce concept n'aurait aucun sens. De même les intérêts de l'Europe dépendent de ceux de l'Amérique, comme les intérêts de l'Europe occidentale sont tributaires de la situation économique de l'Europe de l'Est. Chaque continent est solidaire des autres, là est la réalité, si pénible soit-elle. Ainsi, la plupart des objets de notre désir, prospérité ou renommée, ne peuvent se réaliser sans la participation active ou indirecte, la coopération de nombreuses personnes.

Le droit au bonheur étant le même pour tous, et les individus solidairement liés les uns aux autres, peu importe le rang de chacun puisque la logique veut que les intérêts des cinq milliards d'habitants de la planète soient plus importants que ceux d'une seule de ces personnes. Réfléchir à ces arguments, c'est inéluctablement cultiver le sens de la responsabilité globale. Tous les problèmes actuels au plan écologique, par exemple la dépression de la couche d'ozone, montrent le besoin et la nécessité d'une coopération mondiale. Si le progrès a réduit le monde et les distances entre les hommes, il semble bien que la conscience humaine tarde loin derrière.

Il s'agit ici non pas de pratique religieuse, mais bien de l'avenir de l'humanité. Ce comportement plus altruiste, à la vision élargie, se révèle d'une grande pertinence par rapport à la situation contemporaine mondiale. Considérer celle-ci sous différents angles — tels que la complexité, la corrélation et l'interaction inhérente au monde d'aujourd'hui — nous oblige à prendre peu à peu conscience d'un changement de regard, de perspective. La parole de l'autre, sa pensée ne doivent plus être rejetées car sans intérêt. Il nous faut, au contraire, parvenir à ne plus y être indifférents.

Ne penser qu'à soi, oublier les droits et le bien-être d'autrui, pis encore, l'exploiter, conduit à tout perdre. Les amis disparaissent. En cas de catastrophe, au lieu de sentir la sympathie des autres, on pourrait au contraire les voir se réjouir dans leur for intérieur. À l'opposé, quel que soit son carnet d'adresses ou l'endroit où il se trouve, celui qui fait preuve de compassion et reste attentif aux intérêts de son entourage est sûr de se faire d'emblée des amis. Confronté à un très gros problème, il verra de nombreuses personnes venir à son secours.

L'amitié véritable prend naissance dans l'affection authentique, non dans le pouvoir et l'argent. La prospérité et la puissance ont toujours attiré de grands sourires et des cadeaux intéressés. Si l'on approfondit un peu, ce n'est pas dans l'opulence matérielle et les faveurs que naissent les amitiés solides et durables. Lorsque la bonne fortune vient à décliner, on se retrouve tout seul. Les amis de votre bourse ou de votre statut ne feront jamais d'effort sincère pour vous venir en aide le jour où vous en aurez vraiment besoin. C'est la triste réalité.

Une amitié sincère est donc celle du cœur et non celle que suscite la position sociale. Plus grand sera le respect que vous porterez au bien-être et aux droits d'autrui, plus on vous considérera comme un ami véritable, et vous recevrez beaucoup en retour. Si vous venez à négliger et à oublier les autres, vous finirez par perdre le bénéfice de votre relation. Il m'arrive de dire que mieux vaut un égoïsme avisé que celui de l'ignorance et de l'étroitesse d'esprit.

Les pratiquants bouddhistes accordent une attention particulière à l'apprentissage de la sagesse, celle qui accomplit *shunya*, c'est-à-dire la nature ultime de la réalité qui nous donne au moins une idée, même fugace, de la cessation de la souffrance. Quand on en a ressenti profondément la virtualité, il devient évident que la souffrance n'est pas une fin et qu'il existe une alternative. Il n'est donc pas vain d'accomplir un effort et de prendre de la peine pour s'en libérer. Si, parmi les Quatre Nobles Vérités enseignées par le Bouddha, deux seulement existaient — la souffrance et la cause de la souffrance —, elles auraient peu de sens. Ce sont les deux autres Nobles Vérités, dont la cessation de la souffrance, qui montrent le chemin. Car cela vaut alors la peine de réaliser la nature de la souffrance. L'acquisition de la sagesse est donc une étape importante pour permettre la croissance de la compassion à l'infini.

Ainsi l'on s'engage dans la pratique du bouddhisme : par l'application de l'aptitude à la sagesse, de l'intelligence et la compréhension de la nature de la réalité, ce qui va de pair avec l'utilisation habile des outils générant la compassion. Je crois, pour ma part, que la vie quotidienne et le métier que nous exerçons quels qu'ils soient, sont des terrains où l'on peut mettre en œuvre cette motivation compassionnelle.

S'il est un domaine privilégié pour son application, c'est bien celui de l'éducation. Croyants ou non, la compassion que vous montrerez à l'endroit des enfants scolarisés et des étudiants, aujourd'hui et demain, en dehors des résultats aux examens scolaires, fera de vous un enseignant efficace. Vos élèves en auront le souvenir pour le restant de leur vie.

Sur le terrain de la médecine et de la santé, une maxime tibétaine affirme que l'efficacité du traitement dépend de la chaleur du cœur du médecin. Dans cet esprit, si une thérapie se révèle inopérante, on critique la personnalité du médecin en s'interrogeant sur ses capacités et sa bonté, ce qui n'améliore pas sa réputation.

Certains se voient parfois traiter de tous les noms ! Il ne fait aucun doute qu'en médecine la motivation compassionnelle est déterminante.

De même des hommes de loi et des politiciens. S'ils savaient se montrer plus attentifs et plus sensibles, il s'ensuivrait moins de scandales, et la communauté tout entière y gagnerait en sérénité. L'œuvre des hommes politiques serait considérée comme plus efficace et plus digne de respect.

De mon point de vue, la guerre est la pire des choses. Pourtant, menée avec un peu plus d'humanité et de miséricorde, elle serait beaucoup moins destructrice. La guerre insensible, totalement déshumanisée, mécanisée, est la plus intolérable.

En continuant cet inventaire, je n'oublierai ni la science ni la technologie pour lesquelles bonté et sens des responsabilités ont leur rôle à jouer. Sans contester l'extraordinaire performance scientifique et technique que représentent des armes épouvantables telles que la bombe nucléaire, je ne puis passer sous silence la souffrance tout aussi exceptionnelle qu'elles apportent au monde. Si l'on ne prend pas en compte les sentiments des hommes, leur douleur et leur compassion, plus aucune ligne ne démarquera le bien du mal. Mais la miséricorde et la bonté de l'homme peuvent atteindre les limites les plus reculées.

Bien que les économistes soient des êtres

humains, autant demandeurs d'affection que d'autres, il me semble, en revanche, un peu plus délicat d'appliquer la compassion au domaine économique. Si l'on ne pense qu'au gain, sans en envisager les conséquences, on risque de donner raison aux trafiquants de drogue simplement parce que du point de vue économique ils réalisent d'énormes profits. Mais, pour la grande misère dont ils sont responsables envers la société et la communauté, il doivent être considérés comme des criminels. C'est également le cas des trafiquants d'armes à classer dans la même catégorie des êtres nuisibles et irresponsables.

Pour toutes ces raisons, je pense que la compassion — qu'il m'arrive également d'appeler « affection » — est la clé de toutes les activités humaines. La main fournit une heureuse comparaison en ce sens que les cinq doigts ne sont utiles que reliés à la paume, sinon nous ne pourrions en tirer aucun profit.

À son image, toute activité humaine accompagnée d'un sentiment appréciant la valeur de l'homme se révèle constructive, mais dangereuse dans le cas contraire.

La religion, considérée généralement comme positive pour l'humanité, peut devenir répugnante et atroce sans une attitude miséricordieuse. De nos jours, on déplore malheureusement nombre de problèmes dus à différentes religions. C'est pourquoi la compassion demeure un élément fondamental sans lequel aucune activité humaine ne peut avoir d'utilité.

Dans l'éducation, ainsi que dans d'autres domaines déjà évoqués, se manifeste une certaine insouciance, qui se traduit par le mépris des suites de certaines motivations, des conséquences de certains actes. Cela provient peut-être de ce que, dans les époques précédentes, la religion a porté la responsabilité de l'intention de l'acte. Mais aujourd'hui, elle apparaît légèrement « démodée », de même que le sont des valeurs plus profondes. Il faut distinguer entre religion et intention. Même si on n'éprouve aucune inclination vers la religion, on ne doit pas oublier pour autant l'importance de ces valeurs humaines plus profondes dont elle se fait le chantre.

Accroître sa compassion produit diverses répercussions positives. Notre résistance aux épreuves et notre aptitude à les transformer en opportunité pour rebondir s'accroîtront avec la force de notre miséricorde. Un grand classique du bouddhisme, le *Guide du mode de vie du Bodhisattva*, propose une pratique très efficace en ce sens.

Visualisez d'abord votre vieil ego, incarnation de votre égocentrisme et de votre égoïsme, puis un groupe représentant la masse de tous les êtres sensibles sur terre. Ensuite, mettez-vous à la place d'un tiers en adoptant son regard neutre et impartial pour procéder à une étude comparative où vous apprécierez la valeur, l'intérêt et l'importance réciproque de ces deux groupes. Essayez également de réfléchir aux inconvénients qu'il y aurait d'oublier totalement le bien-être d'autrui et ce qu'a vécu votre vieil ego en menant cette vie-là. Dans l'étape suivante, pensez à tous les autres êtres sensibles, considérez l'importance de leur bien-être, le besoin que vous avez de les servir. Concluez en tiers neutre et en observateur impartial sur l'importance de l'intérêt réciproque de chacune des parties. C'est tout naturellement que vous inclinerez vers la masse innombrable des autres.

Je suis convaincu que notre courage grandit avec la force de notre altruisme et qu'ainsi nous sommes moins enclins au découragement et au désespoir. La compassion est donc source de force intérieure. Lorsqu'elle s'accroît, on peut être ferme et déterminé, ce qui favorise le succès quels que soient les obstacles à affronter. Par ailleurs, l'hésitation, la peur et le manque de confiance en soi inclinent au pessimisme. Là se trouve la graine d'où germe la névrose d'échec et les revers. Un comportement pessimiste empêche d'accomplir ce que, pourtant, l'on pourrait réussir aisément, alors qu'une difficulté peut être dépassée grâce à une détermination inébranlable. Même dans un sens conventionnel, la compassion est la clé du succès à venir.

Selon le degré de conscience et de sagesse, on peut distinguer plusieurs niveaux de compassion : la compassion motivée par une vision authentique de la nature ultime de la réalité, la compassion due à l'appréciation de la nature impermanente de l'existence, la compassion engendrée par la conscience de la souffrance éprouvée par d'autres êtres sensibles. Le degré d'évolution et de sagesse auquel on est parvenu, comme la profondeur de notre vision de la nature de la réalité, détermine le niveau de compassion à expérimenter. Les bouddhistes considèrent la compassion soutenue par la sagesse comme essentielle. Pour employer une analogie, la première serait une personne très honnête et la seconde une personne très capable — l'union des deux engendre l'efficacité.

Quelle que soit la tradition ou la philosophie abordée, les notions de compassion, d'amour et de pardon forment une sorte de fonds commun des religions. Bien qu'il existe entre elles des différences fondamentales, telles que l'acceptation ou le refus d'un créateur tout-puissant, chacune nous livre le même message : « Soyez généreux et attentifs. » Toutes mettent l'accent sur l'importance de la compassion et du pardon. Du reste, lorsque les moyens de communication étaient autres et les religions concentrées dans des endroits différents, le besoin de pluralisme au sein des diverses traditions ne se faisait pas autant ressentir. Aujourd'hui, les distances se sont réduites, et le dialogue entre les multiples formes d'expression de la foi et de la religiosité s'est renforcé. Étant donné les circonstances, je suis convaincu que le pluralisme est aujourd'hui essentiel pour les croyants. Dès que l'on considère objectivement le respect de l'humanité dont ont fait preuve les religions au fil des siècles, les raisons ne manquent pas de les accepter et de les respecter toutes. L'humanité recèle une telle variété de dispositions mentales qu'une seule religion quelle qu'en soit la profondeur ne peut satisfaire tout le monde.

Aujourd'hui, en dépit de cette diversité des traditions spirituelles, la plupart des gens restent imperméables et étrangers à la religion. Des cinq milliards d'êtres humains de notre planète, je suis convaincu qu'un seul est réellement composé de croyants authentiques. Il est vrai que bien des gens disent « Ma famille est chrétienne, musulmane ou bouddhiste, je suis donc moi-même chrétien, musulman ou bouddhiste », mais les croyants authentiques prennent conscience d'être les disciples d'une religion spécifique au fil de leur vie quotidienne, en particulier au moment où surgissent des épreuves. J'entends par « croyants authentiques » ceux qui s'affirment chrétiens, se rappellent Dieu, prient Dieu et ne laissent aucun cours aux émotions négatives. De ces croyants authentiques, je ne pense pas qu'il en existe plus d'un milliard sur terre ; le reste de l'humanité, les quatre autres milliards, demeure au sens propre du terme des incroyants. S'il est clair qu'une seule religion ne peut satisfaire l'humanité dans son entier, la variété s'avère nécessaire et utile. Dans ce sens, la seule attitude constructive consiste à inviter toutes les religions, si différentes soient-elles, à œuvrer ensemble et à vivre dans l'harmonie et l'entraide. On a vu ces derniers temps des mouvements extrêmement constructifs se prévaloir de cette optique, et j'ai noté que des relations plus intimes se nouaient entre les religions.

Quant à l'aspect bouddhiste, après avoir médité sur les inconvénients d'un mode de vie et de pensée trop égocentrique comme sur les conséquences positives d'une attention au bien-être de tous les autres êtres sensibles, une fois convaincu de l'utilité de travailler dans leur intérêt, il existe une pratique spécifique qui s'appelle « Donner et porter », destinée à accroître puissance de compassion et amour envers autrui. Il s'agit d'abord de se visualiser en train de s'approprier toute la souffrance, la douleur, la négativité et les expériences indésirables des autres êtres sensibles. Dans un deuxième temps, on s'imagine que l'on porte tout cela sur ses épaules puis qu'on l'abandonne, qu'on le donne pour partager avec autrui pour ses propres qualités et ses propres inclinaisons positives : état d'esprit vertueux, énergie positive, prospérité, bonheur et ainsi de suite. Ce genre d'apprentissage, s'il ne peut dans les faits réduire la souffrance envoyée par les autres, s'il ne doit pas être la projection de nos qualités positives, apporte d'un point de vue psychologique une possibilité de transformation très importante, à tel point que le sentiment d'amour et de compassion ainsi éprouvé en est largement accru.

Intégrer cette pratique à son vécu quotidien est une technique très puissante dont l'influence peut avoir des conséquences extrêmement positives sur le mental et sur la santé. Lorsqu'on ressent profondément que cela vaut la peine d'être pratiqué, que l'on soit croyant ou incroyant, il faut tenter d'encourager ces qualités humaines aussi fondamentales que positives.

N'oubliez pas, je vous en conjure, que cette transformation du mental prend du temps et ne s'opère pas sans difficulté. Certains Occidentaux, trop habitués à une excellente technologie, sont persuadés que tout vient automatiquement. Inutile d'attendre une transformation spirituelle par un claquement de doigts. C'est impossible. N'oubliez pas de garder toujours la pratique à l'esprit et faites un effort constant : un an, cinq ans, dix ans, quinze ans après, vous constaterez finalement une évolution. Je trouve moi-même ces observances très difficiles, ce qui ne m'empêche pas d'en comprendre vraiment l'utilité.

Je vous livre, en conclusion, ma citation favorite du grand livre de Shantideva : « Aussi longtemps que les êtres vivront, aussi longtemps que l'espace perdurera, je resterai afin de servir et d'apporter ma modeste contribution au bien-être d'autrui. »

5

De l'interdépendance, de la réciprocité et de la nature de la réalité

Dès que l'on aborde ces sujets, la première question qui vient aux lèvres est la suivante : « Qu'est-ce que le temps ? » Il est impossible d'identifier celui-ci comme une entité indépendante. En règle générale, il existe des phénomènes qui nous sont extérieurs ainsi que des sentiments ou des expériences intérieures. En ce qui concerne les premiers, on peut parler de passé, de présent et de futur. Pourtant à bien examiner le présent, l'année, le mois, le jour, la minute, la seconde, il est impossible de le fixer, car la seconde qui précède est dépassée, tandis que celle qui suit est déjà du futur. Il n'y a donc pas de présent et, si tel est le cas, il est impossible de parler de passé et de futur puisqu'ils dépendent tous deux du présent. Si l'on considère donc le monde phénoménal extérieur, le passé n'existe, semble-t-il, que dans notre mémoire, comme le futur n'existe que dans notre imagination. Tous deux ne sont rien d'autre que des visions.

Inversement, considérons désormais nos expériences et nos états de conscience intérieurs. Le passé n'est plus là et l'avenir n'y est pas encore : il n'y a que le présent. Les choses se compliquent quand on les étudie dans le détail. Telle est la nature de l'interdépendance que le sanscrit désigne sous le terme *pratityasamutpada*. Il s'agit là d'un concept fort utile, qui, vous allez le découvrir, est mon sujet de prédilection.

Il existe deux plans d'interdépendance : un niveau conventionnel et un niveau plus profond. Étudions le premier. Quand on fait référence aux principes bouddhistes de l'interdépendance sous le vocable l'« origine interdépendante de toutes choses » ou la « production conditionnée », il est indispensable de se rappeler qu'il existe bien des niveaux variés de compréhension de ce principe. Le plus superficiel est la relation d'interdépendance qui existe entre la cause et son effet. Le niveau le plus profond recouvre beaucoup plus de phénomènes et englobe tout le spectre de la réalité. L'origine interdépendante de toutes choses liée à la relation de cause à effet explique que chaque phénomène est le résultat de causes et de conditions qui l'ont engendrée.

Considérons maintenant la loi de la nature ; ni le karma ni Bouddha ne l'ont créée, il s'agit simplement de la nature. Mais nous considérons que la bouddhaïté s'est développée en harmonie avec la loi naturelle. Ainsi, les expériences que nous vivons, tristesse et souffrance, plaisir et joie, dépendent totalement de leurs propres causes et de leurs propres conditions. Du fait de cette relation naturelle, le principe bouddhiste affirme que moins vous désirez vivre une expérience ou un événement particulier, plus vous devez vous efforcer de prévenir et d'éviter l'ensemble des causes et des conditions qui pourraient lui donner naissance. *A contrario*, plus vous êtes désireux de vivre une expérience, un événement, plus grande sera votre attention à rassembler les causes et les conditions qui en assureront la réalisation dont vous désirez recevoir les bienfaits.

Quant à moi, je suis convaincu que la relation qui existe entre une cause et son effet est une sorte de loi naturelle. Il est difficile de trouver une explication rationnelle de ce que j'appellerai le pourquoi du comment, du mécanisme de causalité par lequel certaines conditions amènent nécessairement certains effets. En l'occurrence, les textes bouddhistes établissent que les états émotionnels, sources d'affliction — tels la colère et la haine —, engendrent des conséquences indésirables, entre autres la laideur. Aucun mémoire, aucun exposé rationnel, exhaustif n'existe pour expliquer de quelle façon elle en résulte. Pourtant, il est possible de le comprendre dans la mesure où l'expérience d'une colère ou d'une haine intense modifie l'expression du visage. Mais, selon le même processus, certaines émotions du mental qui ouvrent la porte de la connaissance engendrent des changements positifs immédiats sur celui-ci et permettent de retrouver présence d'esprit, calme et sérénité. Preuve que certaines émotions et certaines pensées ont des conséquences plus enviables, ce type de rapport de cause à effet, s'il est observable, ne peut être complètement expliqué de façon rationnelle.

Certains types d'émotions positives cependant, tel qu'un niveau de compassion très avancé, peuvent ne pas procurer de joie à l'instant même où ils nous apparaissent. Par exemple, quelqu'un qui vit totalement la compassion peut partager la souffrance de celui ou de celle vers qui il est tourné. Dans ce cas précis, si l'on se fonde sur mes propos précédents, la condition n'est pas une cause positive au sens d'agréable. Mais comme la souffrance partagée résulte d'une attitude compatissante, à cet instant même la peine qu'elle induit est très différente de celle de quelqu'un qui souffre de dépression, de désespoir, de solitude ou d'impuissance devant l'action. Une souffrance solidaire, s'il est vrai qu'elle est une forme de tristesse et de peine, comporte une grande part de vigilance et l'on n'a à déplorer aucune perte de contrôle dans la mesure où la personne compatissante reçoit volontairement la souffrance de l'autre. Les conséquences de ces émotions apparemment similaires sont en réalité totalement différentes. La douleur accable tellement l'individu en état de souffrance qu'il perd le contrôle de lui-même, donnant libre cours à sa douleur, tandis que celui qui compatit reste maître de ses pensées.

Après avoir compris l'importance de l'évaluation de cette relation d'interdépendance entre la cause et l'effet, on apprécie d'autant mieux les enseignements des Quatre Nobles Vérités, tout entiers fondés sur les principes de causalité. Il faut ensuite lire la doctrine du Bouddha qui distingue douze facteurs dont les interactions déterminent l'existence phénoménale et que l'on appelle « les douze chaînons de l'interdépendance ». Dans cet enseignement, le Bouddha affirme que toute cause engendre un effet particulier, qui ne peut exister sans la cause qui l'engendre et que l'ignorance conduit à l'action qui produit le karma[1].

---

1. Pierre Crépon précise quels sont exactement les douze chaînons de l'interdépendance dans *Le Bouddhisme et la spiritualité orientale*, Éditions Pocket : « Selon la tradition, la compréhension de ces interactions remonte à l'éveil du Bouddha lorsqu'il réalisa l'impermanence de toutes choses. Il semble en fait que l'élaboration des douze facteurs se soit faite progressivement dans le bouddhisme ancien. Les douze termes qui s'engendrent successivement sont dans l'ordre : l'ignorance, l'action qui produit le karma, la conscience, le nom et la forme (c'est-à-dire l'esprit et le corps), les cinq organes des sens, le contact par l'intermédiaire de ces organes, la perception, les désirs, l'attachement, la possession, le "vouloir vivre",

On dénombre donc trois postulats : l'effet se produit parce que la cause existe, l'effet se produit parce que la cause a elle-même été créée, l'effet mène à l'action parce qu'il y a eu ignorance. Le premier postulat montre que lorsque les causes sont réunies les effets suivront naturellement, mais il induit également que c'est par le simple rassemblement des causes et des conditions que les effets sont engendrés, et qu'indépendamment du processus causal il n'existe aucune puissance ni force extérieure, telle qu'un Créateur, qui puisse faire naître les phénomènes.

Le deuxième postulat souligne une autre caractéristique importante de la production conditionnée ; la cause précise qui produit des effets doit elle-même avoir été produite par une cause. Si elle possède une existence immuable et se présente comme une entité permanente absolue, alors, elle ne peut être elle-même l'effet d'un facteur supplétif, ne possédant pas le potentiel de production d'un effet. C'est pourquoi il doit y avoir une cause primordiale qui résulte elle-même de sa propre cause.

Le troisième postulat, quant à lui, insiste sur une autre caractéristique essentielle. L'effet doit être proportionné à la cause, tous deux étant liés par un rapport de concordance, de correspondance. N'importe quelle cause ne peut engendrer n'importe quel effet. Il existe une relation

le devenir engendré par ce "vouloir vivre" , la dégénérescence et la mort. » *(N.d.T.)*

très spéciale entre la cause et son effet. Le Bouddha nous a donné l'exemple de l'ignorance engendrant l'action, induisant la réponse à la question suivante : « Qui commet l'action ? » Un organisme doué de vie qui, s'il agit par ignorance, court à sa perte. Puisque que aucun être vivant ne désire le malheur et la souffrance, s'engager dans un acte pouvant créer des conséquences indésirables est forcément le fait de l'ignorance. Ainsi, les douze chaînons de l'interdépendance s'appliquent à trois classes de phénomènes. En premier lieu, les émotions et les pensées douloureuses, puis l'action karmique et son empreinte, enfin son effet qui est la souffrance. Cette dernière, que personne ne recherche ni ne désire, est une conséquence, un effet de l'ignorance ; tel est le sens du message qui nous est délivré. Bouddha n'a pas affirmé que la souffrance est un effet de la conscience ; car, si tel était le cas, le processus de libération et de purification impliquerait nécessairement de mettre fin à son continuum (la continuité de la conscience). La morale de cet enseignement révèle la possibilité de faire disparaître la souffrance engendrée par des pensées et des émotions négatives, si profondément enracinées soient-elles. On peut donc dissiper l'ignorance en générant la vision profonde qui permet de percevoir la véritable nature de la réalité. On comprend alors le principe de l'origine conditionnée interdépendante de toutes choses qui montre comment les douze maillons de la chaîne formant l'entrée de l'individu dans le cycle de l'existence sont reliés les uns aux autres.

Si nous appliquions cette solidarité-là à notre perception de la réalité dans sa globalité, alors nous en découvririons une vision pénétrante. Nous serions en mesure d'évaluer la nature des relations de dépendance réciproque de l'un et de l'autre, puis la façon dont les intérêts et le bien-être des êtres humains dépendent de ceux des animaux vivants ici-bas. De la même façon, en cultivant cette compréhension de la véritable nature de la réalité, nous serions en mesure de mieux évaluer la solidarité existant entre le bien-être des êtres humains et leur environnement naturel, la nature du lien écologique. Nous saurions alors considérer le présent, le futur, etc., et serions en mesure de cultiver un autre regard, d'observer sous une perspective nouvelle la nature holistique de la réalité, ses multiples implications et ses différents sens.

En un mot, nous verrions que le bonheur de chacun n'a pas de causes indépendantes d'autrui, mais dépend de bien des facteurs. C'est ainsi que, pour se préparer un avenir meilleur, il faut prendre soin de tout ce qui est lié et relié à soi. Voilà, je pense, une perspective efficace.

Je n'ai pour l'instant parlé du principe de « production conditionnée » que dans la perspective du tout premier niveau de compréhension. Les écritures soulignent son importance. En l'occurrence, un texte mahayana, le *Livre des actes* où Shantideva cite abondamment les *sutras* de Bouddha, insiste sur la nécessité de prendre conscience et de bien évaluer l'interaction de tous les événements et phénomènes, de saisir le mode causal selon lequel ils apparaissent, de respecter enfin — et c'est essentiel — cette réalité conventionnelle. En effet, c'est à ce stade-là que l'on prend conscience de la façon dont certains types d'expériences conduisent à certains types d'effets indésirables, comment certaines causes — isolées ou groupées — engendrent des résultats nettement plus intéressants, de quelle manière enfin certains événements affectent directement et concrètement notre bien-être et notre expérience. Ceux qui pratiquent le bouddhisme doivent, c'est essentiel, comprendre ce principe au tout premier niveau. Bouddha explique que l'on peut aller au-delà et interroger la nature ultime de ce qui lie les choses les unes aux autres dans cette relation en chaîne, ce qui nous conduit aux enseignements de Bouddha sur la vacuité.

Lorsqu'il parle des douze chaînons de la « production conditionnée », le Bouddha explique que, malgré le fait que personne ne souhaite souffrir, les êtres sensibles accumulent les actions karmiques déclenchant des effets indésirables à cause de l'ignorance. S'ensuivent alors certaines questions : « Quelle est exactement la nature de cette ignorance ? Quel est le mécanisme qui conduit, dans la réalité, un individu à

95

agir contre son désir fondamental ? » Bouddha insiste sur le rôle des émotions et des pensées néfastes telles que la colère, la haine ou l'attachement, de celles qui aveuglent au point de masquer la véritable nature de la réalité. Celui qui vit sous l'emprise d'une de ces trois émotions se trompe sur lui-même : on pose *a priori* sans la contester l'hypothèse de l'existence indépendante du « moi », du « je », du sujet, perçu plus ou moins consciemment par l'individu comme une sorte de maître. Ni totalement indépendant ni tout à fait assimilé au corps et à l'esprit, il ressemble à quelque chose qui serait le cœur de l'être, le soi, et c'est avec beaucoup de force que l'on s'y agrippe. C'est la base sur laquelle se fondent les émotions fortes quelles qu'elles soient, de l'attachement aux êtres chers à la colère ou la haine violente envers ce qui apparaît menaçant.

En examinant de plus près la façon dont nous percevons l'objet de notre désir ou de notre colère, on note un autre postulat, celui de l'existence indépendante d'une entité digne d'être désirée ou haïe. En plus de la subtile doctrine de la vacuité, la vie quotidienne nous donne l'occasion de vérifier la disparité qui existe entre notre perception des êtres et des choses et leur réalité. Et si ce que je viens de dire était faux, le concept de déception n'aurait aucun sens. Or, très souvent, nous sommes terriblement déçus pour avoir perçu de façon erronée la réalité. Une fois l'illusion dissipée, on prend conscience d'avoir été trompé. La vie de tous les jours est un vivier pour de telles occasions où l'apparence ne colle pas à la réalité.

Comme je l'ai souligné lors de mon discours sur la subtilité de l'impermanence, si l'on se place dans la perspective de la nature transitoire des phénomènes, la disparité est tout aussi grande entre la perception que nous avons de ceux-ci et ce qu'ils sont en réalité. Nous croyons couramment, lorsque nous rencontrons quelqu'un que c'est toujours la même personne, or celle-ci s'est transformée. De même pour un objet : il n'est déjà plus le même qu'il y a deux jours. Voilà la façon sommaire dont nous considérons la réalité en nous arrêtant à la concordance entre une image ou l'idée que l'on se fait d'une entité et la réalité du moment. Pourtant l'objet que nous percevons est déjà passé par bien des étapes. Il est dynamique, transitoire, éphémère. Il ne peut donc jamais être le même que celui que nous avons vu un ou deux jours avant. Alors que nous avons l'impression d'avoir vu le même objet, en réalité nous superposons et confondons l'idée de l'objet et sa réalité. Mais nous avons déjà largement traité la disparité entre les apparences et la réalité. Sans parler du fossé qui existe entre notre vision ordinaire de la réalité et celle des physiciens d'aujourd'hui lorsqu'ils en expliquent la nature.

Une chose est très claire. Nous nous trompons lourdement en assimilant un être à un soi, une personne, un individu. La question qui se pose alors est la suivante : Jusqu'à quel point nous trompons-nous ? Nous ne pouvons accepter que le « moi » ou le « je » n'existe pas, car dans ce cas grand nombre de nos projets, de nos actions, de nos soucis n'auraient plus aucun sens. C'est bien parce que le « moi » existe que les efforts qui nous poussent à atteindre la pleine libération pour le bien de tous les êtres sensibles sont crédibles. Ils peuvent être pris au sérieux puisque quelqu'un va souffrir ou bénéficier du comportement que nous adoptons et des actions que nous engageons. Dans quelle mesure et jusqu'à quel point la notion que nous avons du « moi », de notre identité, de la compréhension de l'être est-elle fausse ou illusoire, et jusqu'à quel point est-elle juste ? Faire la part des choses dans ce domaine est extrêmement difficile. C'est à cause de ce débat que diverses écoles philosophiques du bouddhisme ont émergé en Inde. Certaines écoles acceptent le principe de non-identité (absence d'identité) et d'identité des personnes, mais non celui des événements ou des phénomènes externes ; d'autres acceptent l'absence d'identité des personnes et de tout ce qui existe, ce qui n'empêche pas cette école de présenter encore des variantes subtiles.

Il est important de faire cette distinction, parce qu'elle est essentielle dans notre tentative de libération de la souffrance et de ses causes. Cela répond en partie à l'une des questions posées précédemment ; le bouddhisme accepte-t-il la doctrine du non-« soi », c'est-à-dire de la négation d'un « soi » permanent, qui, en réalité, renaît ?

La doctrine du non-« soi » ou *anatman* est commune à toutes les écoles de pensée bouddhistes. Elle consiste à nier l'existence d'un « soi », d'une âme, d'une substance en tant qu'élément permanent, indépendant et absolu existant au fond de chaque être. Il faut examiner maintenant la façon dont Nagârjuna présente les choses si l'on en croit l'interprétation du pandhi indien Chandrakirti. Dans son principal ouvrage philosophique, le *Traité fondamental de la voie du milieu*, Nagârjuna affirme que c'est l'ignorance, ou une interprétation erronée de la nature de la réalité, qui se trouve à la racine de notre souffrance. Le moyen d'atteindre la libération de celle-ci est de dissiper cette ignorance et cette notion fausse de la réalité en générant une vision pénétrante de l'ultime nature de celle-ci. Nagârjuna reconnaît deux sortes d'ignorance, la première dans la certitude d'une réalité intrinsèque d'un « soi », de son propre être ; la seconde dans l'attachement à l'existence inhérente et indépendante des événements extérieurs. Il va plus loin en affirmant que cette attitude face au « moi », au « je », résulte de celle que nous avons à l'égard de l'ensemble de nos fonctions corporelles, spirituelles et mentales. Il ajoute encore qu'il nous faut absolument dissiper cette ignorance de nos esprits. Pourtant, prendre de la distance par rapport à ce lien, reconnaître l'inexactitude de notre raisonnement et savoir qu'il s'agit là d'une démarche destructrice, tout cela ne peut suffire à libérer l'individu des formes mêmes de l'attachement. Il faut percevoir par un regard nouveau, déceler l'illusion de notre compréhension, générer une vision qui aille directement à l'encontre de notre perception ordinaire — mais ignorante — de la réalité.

Comment rectifier notre regard, comment engendrer cette vision directe et authentique ? Nagârjuna prétend que si le « moi », le « je », la personne, existent tels que nous les concevons en temps normal — et donc faussement —, plus nous rechercherons leur essence, plus nous ferons tomber le masque des appellations et des étiquettes, plus notre vision s'éclaircira. Ce n'est pourtant pas le cas. Pour peu qu'on recherche la personne ou le « moi » de la vie courante, voilà qu'il disparaît, se désintègre, ce qui est bien la preuve qu'il n'est dès le départ qu'une illusion. Pour cette raison, l'un des disciples de Nagârjuna, Aryadeva, affirme dans ses *Quatre Cents Vers sur la Voie du milieu* que notre ignorance — notre conscience — est la graine d'où germe *samsara*, le cycle de l'existence, lequel s'attache aux événements et aux choses d'ici-bas. Ce n'est qu'en perçant le voile de l'illusion que nous serons en mesure de mettre un point final au processus de l'existence.

Les écrits de Nagârjuna proposent un raisonnement pour réfuter la validité de la notion que nous avons du « moi » et nier l'existence de celui-ci, tel que nous le percevons faussement. Il suggère que si le « moi », l'individu, est assimilé au corps, le caractère éphémère, transitoire et constamment évolutif de ce dernier rejaillit sur le « moi », forcément sujet à la même loi d'évolution. En l'occurrence, si la continuité physique d'un être humain cesse, il en sera de même pour le continuum du « moi » assimilé à ce corps. D'autre part, si le « moi » est totalement indépendant du corps, que signifierait alors l'assertion suivante : « une *personne* est malade lorsqu'elle souffre dans son corps ! » ? C'est pourquoi il ne peut y avoir de « moi » indépendant en dehors de la relation interactive et solidaire entre les différents facteurs constituant l'être humain.

Le même raisonnement appliqué à la réalité extérieure nous montre que chaque objet d'ordre matériel possède des facettes qui regardent des directions différentes. Nous savons que, tant qu'il s'agit d'une entité, elle est composée de différentes parties entretenant une relation nécessaire avec le tout qu'elles constituent. Ainsi, on voit qu'il n'existe aucune entité indépendante hors de cette interface qui est la relation interactive entre l'idée de plénitude — ou de totalité — et les différentes parties qui la composent. La même analyse s'applique à la conscience ou aux phénomènes du mental, à la différence près qu'ils ne sont pas tangibles. Cela n'empêche pas de les considérer comme des instants successifs constituant un continuum.

S'il est vrai qu'on ne peut trouver l'essence derrière l'étiquette, le référant derrière le terme, cela signifie-t-il que rien n'existe ? La question suivante peut également se poser : Cette absence de phénomènes est-elle le centre même de la doctrine de la vacuité ? Nagârjuna anticipe les critiques des tenants de la perspective réaliste qui considèrent que, si les phénomènes n'existent pas tels que nous les percevons et que l'on ne peut trouver leur essence, alors ils n'ont pas d'existence propre. Dans ces conditions, une personne, le « moi », n'aurait pas non plus d'existence. Et si tel était le cas, il ne pourrait y avoir aucune action du karma puisque l'idée même de karma implique que quelqu'un agisse ; et s'il n'y a pas de karma, il n'y a pas de souffrance parce qu'il n'y aurait personne pour l'expérimenter, et ce faisant il n'y aurait pas de cause de souffrance. Il serait impossible de se libérer de cette souffrance puisqu'il n'y aurait rien dont il faudrait s'affranchir. Bien plus, sans voie conduisant à cette libération n'existerait pas de communauté spirituelle ou *Sangha* pour se mettre en quête de cette libération. Il ne serait, alors, pas possible de devenir un être pleinement éveillé et parfait, c'est-à-dire un Bouddha. Si la thèse de Nagârjuna était vraie — argumentent les « réalistes » —, on ne pourrait trouver l'essence des choses et donc rien n'existerait ; on nierait l'existence du *samsara* comme du *nirvana*, comme de toutes choses. Nagârjuna prétend que cette façon d'envisager les choses et les conséquences découlant de cette thèse donnent la preuve d'un manque de compréhension de la nature et du sens subtil de la doctrine de la vacuité. En effet, celle-ci n'affirme ni n'implique la non-existence de toutes choses, elle n'est pas le postulat selon lequel, dans le monde phénoménal, les choses ne peuvent être trouvées lorsqu'on cherche leur essence. En fait, Nagârjuna précise que, pour bien comprendre le véritable sens de la vacuité, il faut assimiler en profondeur le principe de l'existence conditionnée et de l'origine interdépendante de toutes choses. C'est parce que le monde phénoménal est dépendant et issu de relations interdépendantes entre les causes et les conditions qu'il est vide. Ils sont vides de statut inhérent, indépendant ; en fait, le monde phénoménal est dépourvu de substance propre. La voie du milieu permet de bien comprendre cette façon de voir les choses. En d'autres termes, une bonne assimilation du principe de l'origine interdépendante de toutes choses permet de comprendre que l'existence du monde phénoménal et l'identité des phénomènes dépendent de nombreux autres facteurs.

C'est ainsi que la théorie de l'existence conditionnée peut repousser les extrêmes, c'est-à-dire l'absolutisme et le nihilisme. La notion de « dépendance » met l'accent sur une forme d'existence qui n'est pas la vérité absolue, ce qui libère l'individu des extrêmes, de l'absolutisme. De même, par l'idée de causalité, il se dégage des pièges du nihilisme qui implique l'existence même du monde phénoménal.

Et si le fait que ni les phénomènes ni les entités n'ont de substance propre ne constitue pas la pleine signification de la vacuité, c'est cependant le signe que le monde phénoménal n'a pas de réalité intrinsèque. Les phénomènes n'ont pas d'existence propre et indépendante, mais sont issus de l'interaction de nombreux facteurs. Buddhapalita, l'un des disciples de Nagârjuna, affirme que si les phénomènes avaient une existence indépendante, une réalité intrinsèque, ils n'auraient pas besoin de dépendre d'autres facteurs ; cette dépendance même montre assez qu'ils n'ont ni substance ni statut propre et qu'ils ne sont pas la vérité absolue.

C'est ainsi qu'on ne peut pleinement comprendre la vacuité que si l'on pénètre la subtilité du principe de l'existence conditionnée et de l'origine interdépendante de toutes choses. Nagârjuna assure que si la doctrine de la vacuité n'a pas de validité, si les phénomènes ne sont pas dépourvus d'existence propre et de réalité intrinsèque, alors ils seraient absolus. Dans ce cas, les principes de l'existence conditionnée et de l'interdépendance ne pourraient être mis en œuvre. La chaîne de causalité ne pourrait fonctionner, rendant caduque la notion de la perception holistique de la réalité. Sans causalité, le concept des Quatre Nobles Vérités perdrait sa validité. On en viendrait alors à nier l'intégralité des enseignements du Bouddha.

La tactique de Nagârjuna pour lever toutes les critiques à l'égard de sa thèse consiste à affirmer que les arguments des « réalistes » nient les enseignements du Bouddha. Il dit encore, pour résumer, qu'aucune croyance, aucune pratique niant la doctrine de la vacuité ne peut expliquer avec cohérence le monde, tandis que tout système acceptant le principe de l'origine interdépendante de toutes choses — et en l'occurrence la doctrine de la vacuité dont il est le chantre — permet d'avoir une vision cohérente de la réalité.

Il existe donc une relation complémentaire extrêmement intéressante entre les deux niveaux de compréhension ; « l'existence conditionnée » et l'origine interdépendante de toutes choses. Le premier rend compte réellement de ce qu'est notre existence quotidienne et le monde dont nous faisons l'expérience, celui dans lequel causes et conditions interagissent constamment. Cette perspective-là est considérée par le bouddhisme comme la juste vision du monde d'ici-bas. Plus affinée sera l'approche de cette perspective, plus s'élargira la compréhension profonde du mécanisme de l'existence conditionnée qui aboutira à la perception juste de la nature vide du monde phénoménal. Une fois la vision de celle-ci encore approfondie, la conviction en l'efficacité du principe de cause à effet, un plus grand respect pour la réalité conventionnelle et le monde relatif en seront renforcés. C'est la raison pour laquelle les deux perspectives se complètent admirablement.

Plus notre vision de la nature ultime de la réalité et de la vacuité se fera pénétrante, s'élargira, plus nous verrons le monde phénoménal et événementiel comme un miroir aux alouettes. Cette façon de percevoir la réalité s'insinuera doucement, s'infiltrera dans tous nos actes, dans toutes les actions interactives par lesquelles s'établit le contact avec cette réalité. Par conséquent, dès qu'on aborde une situation génératrice de compassion, au lieu de se détacher de l'objet de celle-ci, on s'engagera de façon plus totale. Cela parce que la compassion est fondée sur un mode de pensée solide qui permet d'avoir une vision plus pénétrante de la nature de la réalité. Inversement, lorsqu'on doit affronter des situations porteuses d'émotions négatives et d'affliction, on arrive à se ménager un degré de détachement suffisant pour ne pas être la proie de leurs influx douloureux. En effet, tout ce qui est affligeant comme le désir, la haine, la colère, etc., masque une vision erronée de la réalité dont la conséquence est l'attachement aux choses et aux gens considérés comme des vérités absolues, des entités indépendantes. Si l'on change de regard sur la vacuité, l'étreinte exercée sur notre esprit se relâche.

Au tout début de ces entretiens, j'ai cité l'exemple du temps tel que nous le concevons : nous supposons, généralement, qu'il existe une sorte d'entité indépendante appelée temps présent, passé ou futur. À y regarder de plus près, nous voyons qu'il s'agit là d'une simple convention. À part l'interface entre ces trois temps — présent, futur et passé — je ne vois rien qui ressemble à un instant présent indépendant ; nous créons donc une sorte de vision dynamique de la réalité. Quant à ma propre personne et tout en me posant la question de mon existence en tant que « moi », au fur et à mesure que j'étudie profondément celle-ci je me dis que, à part l'interface des différents facteurs constitutifs de mon être et des différents instants du continuum formant celui-ci, il n'existe rien qui ressemble à une entité indépendante et absolue. Parce que c'est ce « moi », ce « je » simplement conventionnel qui marche vers l'accomplissement de la libération pour aboutir à la Bouddhaïté ; même Bouddha n'est pas absolu.

Il en va de même pour la notion de Claire Lumière qui correspond au niveau le plus subtil de la conscience. Mis à part le continuum de la conscience qui constitue ce phénomène, impossible de parler d'une entité absolue à l'existence indépendante.

À l'image de toute cette démonstration, nous

verrons que bon nombre de nos concepts témoignent d'une solidarité et interdépendance ô combien complexe ! En l'occurrence, parler de soi comme sujet n'a aucun sens s'il n'existe pas d'objet avec lequel se mettre en relation. Parler d'action n'a de sens qu'en liaison avec un être, un agent qui commet l'acte. En progressant dans ce genre d'analyse, nous constatons qu'il est absolument impossible de séparer l'entité ou le phénomène de son cocon.

Trouver une existence indépendante est peu probable surtout si l'on veut aller au-delà de l'idée que les choses ne sont que des appellations avec des étiquettes, et si l'on se demande quelle pensée conceptuelle a créé l'étiquette dans le passé ou dans le futur, de façon individuelle ou collective. Même la vacuité, considérée comme la nature ultime de la réalité, n'est pas absolue, n'a pas d'existence, de substance indépendante. On voit assez qu'elle est vide d'une existence intrinsèque ; si l'on part à la recherche de son essence, de son statut, de sa substance, on ne trouvera que le vide. Il en ressort l'enseignement du Bouddha sur la vacuité de la vacuité, car dès que l'on recherche la véritable essence, la véritable substance d'un phénomène, d'un événement, on trouve cette vacuité-là. Ce qui ne signifie, en aucun cas, qu'elle est absolue car ni concept ni entité, elle n'est pas objet. Cependant, certains écrits y font référence comme à la vérité absolue, ultime. Que faut-il comprendre par le mot « ultime » ? Si l'on parle d'ultime vérité, c'est parce qu'elle est la vision qui a pénétré dans la vraie nature de la réalité. L'existence de chaque chose (la vérité relative) est la manifestation de la nature de Bouddha (la vérité absolue).

6

Un défi pour l'humanité
Plaidoyer pour un dialogue
interconfessionnel

Notre époque a déjà vu un progrès remarquable au plan matériel qui a eu pour conséquence d'améliorer notablement la vie des êtres humains. Force a été de prendre conscience que cette croissance matérielle ne pouvait répondre aux rêves de l'humanité. Bien plus, ce développement apporte son lot de complications, de problèmes et de défis à surmonter. C'est la raison pour laquelle je suis convaincu que les principales traditions religieuses ont la possibilité de contribuer au mieux-être de l'humanité et qu'elles ont toujours leur place dans notre époque, ce qui confirme leur bien-fondé.

Dans la mesure où la plupart d'entre elles ont évolué et se sont développées à divers moments de l'histoire de l'humanité, leurs enseignements et leurs traditions reflètent les besoins et les motivations d'époques et de cultures différentes. C'est pourquoi je crois fondamental d'établir une distinction très claire entre ce que j'appellerai le cœur et l'essence des enseignements, et les aspects culturels des traditions particulières. Les messages fondamentaux de nature religieuse, tels les principes d'amour et de compassion, sont toujours de mise et d'actualité indépendamment de l'époque et des circonstances. Seulement, avec le temps, le contexte culturel évolue, obligeant les disciples de traditions religieuses à évoluer aussi, à s'adapter aux intérêts propres de leur temps et de leur culture.

De mon point de vue, il est essentiel pour chaque pratiquant de faire son examen de conscience, d'essayer d'évoluer dans son corps, son discours et son esprit, d'agir en harmonie avec les enseignements et les principes de la tradition religieuse qu'il suit. Inversement, s'il ne s'agit là que d'un exercice intellectuel réduit au savoir et permettant de se familiariser avec certaines doctrines sans les traduire et les refléter dans son comportement quotidien et tout son mode de vie, on commet là une grave erreur. En fait, si la conscience et le continuum mental restent imperméables à ces données, ce peut être totalement destructeur. Certaines personnes seront conduites à utiliser la religion pour mieux exploiter et manipuler les autres. La première responsabilité d'un pratiquant est d'être vigilant quant à soi-même.

Le monde d'aujourd'hui est totalement différent de celui d'hier. Auparavant, les communautés et les sociétés humaines vivaient plus ou moins indépendamment les unes des autres, ce qui justifiait l'idée d'une religion unique et d'une culture monolithique. Bien des éléments ont fait évoluer la situation, en particulier la facilité d'accès et de passage entre les pays, la révolution de l'information, la révolution des transports, etc. La société humaine ne peut plus fonctionner sur le modèle d'antan.

Prenons l'exemple de la ville de Londres, multiculturelle, multireligieuse. Pour peu qu'on n'y prenne garde et qu'on privilégie l'intelligence, un conflit fondé sur la divergence des croyances religieuses et des cultures pourrait naître. D'où l'importance de maintenir une perspective tenant compte de la pluralité religieuse. Pour aller au-devant de ce défi, il ne suffit pas d'étudier d'autres traditions religieuses en se plongeant dans les livres, il est bien plus enrichissant de rencontrer des croyants pratiquants de traditions religieuses différentes de la sienne, de partager leurs expériences et de tirer les leçons de celles-ci. Car ce n'est qu'à travers le contact personnel qu'il sera possible d'apprécier vraiment la valeur des autres traditions religieuses.

Dans une perspective plus large, on dénombre bien des raisons de valider le pluralisme, spécifiquement au plan religieux. C'est une évidence de dire que l'humanité présente des dispositions

mentales, des motivations, des besoins différents. De ce fait, la diversité des traditions religieuses disponibles accroît leur capacité à
répondre aux besoins de peuples très différents.

L'histoire de l'humanité a vu bien des événements tragiques se développer sous le couvert de
la religion. Aujourd'hui, des conflits naissent en
son nom, divisant encore plus la communauté
des hommes. Si nous acceptons de faire face à
ces problèmes, je suis persuadé que nous trou-
verons assez de raisons fondamentales pour
pouvoir construire l'harmonie entre les diverses
religions et développer un respect authentique
des uns envers les autres.

Un autre des défis d'aujourd'hui est la protection de l'environnement. Des spécialistes éminents en ce domaine ont exprimé leurs vœux
de voir prendre plus d'initiatives de la part des
différentes traditions religieuses, particulièrement
de leurs chefs. Je leur donne entièrement raison.
Pour ma part, je considère que ce problème
prend racine dans le désir insatiable et le manque constant de satisfaction de nos contempo-
rains. C'est le rôle des enseignements religieux
de nous apprendre à maîtriser, à contrôler nos
désirs et notre avidité afin de transformer positi-
vement notre comportement et nos règles de vie.
En cela, les religions n'ont pas seulement le
potentiel, mais aussi la grande responsabilité de
contribuer à cette mission.

Il leur incombe aussi de prendre l'initiative de

la constitution d'un front commun uni contre la guerre et les conflits. L'histoire de l'humanité montre peu d'exemples où la guerre a permis de résoudre les problèmes et surtout de conquérir la liberté. Je crois qu'elle ne peut jamais conduire à une solution définitive. D'où l'importance de prendre une position unitaire, de s'élever d'une seule voix contre l'idée même de la guerre. Dire son opposition n'est pas suffisant. On doit également agir pour mettre fin aux conflits et donc considérer très sérieusement la question du désarmement. Les éléments catalyseurs qui provoquent ce besoin de posséder des armes sont là encore l'émotion humaine, la haine et la colère. S'il n'y a pas de moyens d'éliminer totalement celles-ci des esprits, au moins faut-il réduire leur puissance, limiter la force armée. Cela implique de faire des efforts très sérieux pour désarmer la planète.

Un autre défi, enfin, auquel nous sommes confrontés, est la surpopulation. D'un point de vue religieux, la vie — humaine en particulier — est très précieuse. Du point de vue humain, la mise au monde de nouvelles vies est la plus belle des perspectives. Pourtant, d'une façon globale, je suis convaincu que nos religions doivent inviter les hommes et les femmes à réfléchir très sérieusement au taux de population. Dans la mesure où les ressources de notre terre sont limitées, on ne peut nourrir plus d'êtres humains qu'il est possible.

7

Questions et réponses

LES DIFFÉRENTS PROBLÈMES
DES TEMPS MODERNES

La pollution et la fin du monde

Votre Sainteté, comment pensez-vous que l'on puisse arrêter la pollution sur terre ? Faut-il attendre qu'une fin du monde et de l'humanité vienne purifier et renouveler notre Univers ?

Sa Sainteté le Dalaï-Lama : Il est clair que les bouddhistes — et c'est une question de bon sens — considèrent qu'il existe un début et une fin. Telle est la logique. Telle est la loi. Telle est la nature. Quel que soit le nom qu'on lui donne — Big Bang ou autre — on ne peut nier le processus d'évolution, ce qui implique un commencement qui doit, bien entendu, connaître une fin. Mais je ne crois pas qu'il faille attendre celle-ci avant plusieurs millions d'années.

En ce qui concerne la pollution, je vous répondrai que le Tibétain que je suis n'avait, jusqu'à ce qu'il quitte son pays, aucune idée de ce que cela pouvait être. Le Tibet est un pays très propre ! Quand j'entendis des gens me conseiller de ne pas boire l'eau, imaginez ma surprise ! Par la suite, ma connaissance de ce problème s'est élargie et affinée.

La pollution constitue aujourd'hui une difficulté majeure à laquelle il faut trouver une issue. Préoccupation mondiale qui dépasse largement le cadre d'une seule nation, son enjeu est la survie de l'humanité tout entière. Pour peu que l'on ait une conscience claire des tenants et des aboutissants et que le comportement des nations s'accorde, il existe un moyen, semble-t-il, de diminuer considérablement les nuisances. Je donnerai un exemple pour éclairer mon propos. Il y a deux ou trois ans, lorsque je me suis rendu à Stockholm, j'ai séjourné près d'un grand fleuve dont on m'a confié qu'il ne comptait plus aucun poisson dix ans auparavant pour cause de pollution de l'eau. À l'époque de ma visite, les poissons commençaient à faire leur réapparition, car on avait mis en place une politique de contrôle. Voilà bien la preuve qu'il est possible d'améliorer les choses.

Alors que tout ce qui concerne les guerres et les génocides frappe immédiatement l'esprit, la pollution et les problèmes concernant l'environnement sont plus discrets et plus sournois. C'est progressivement, mois après mois, année après année que le mal empire. Lorsqu'il est là et qu'il crève les yeux, il est déjà trop tard. D'où ma conviction qu'il s'agit là d'une question extrêmement préoccupante. Je considère comme très encourageant que des gens suffisamment concernés constituent des partis politiques fondés sur le principe de la protection de l'environnement. C'est là une démarche saine, porteuse d'espoir.

La souffrance humaine

Votre Sainteté, nous tentons aujourd'hui d'éviter la souffrance. Mais il semble bien qu'elle ne cesse d'augmenter, car l'action positive de quelqu'un peut très bien provoquer la souffrance de quelqu'un d'autre, ce qui est parfois le cas en médecine ou en politique. Comment alors estimer cette notion ? Ne devrions-nous pas accepter jusqu'à un certain degré la souffrance et l'inconfort ?

Il existe différents niveaux de souffrance. En règle générale, il est tout à fait possible de les réduire. Personnellement, je ne crois pas que les conditions essentielles du bien-être et du bonheur impliquent nécessairement d'affliger autrui et de lui porter préjudice.

Il y a un point sur lequel je souhaite insister. Je trouve que la télévision et les journaux nous rendent compte d'événements par trop négatifs. Meurtres et malheurs d'autrui font immédiatement la une, tandis qu'une multitude d'hommes et de femmes reçoivent en fait une aide, sont nourris correctement ou choyés au plan affectif comme c'est le cas pour des millions d'enfants, de malades et de vieillards. Seulement, dans l'esprit des gens, tout cela est considéré comme évident et comme un dû. Ils n'ont donc pas besoin d'y attacher une attention particulière. Pourtant, cette réalité est bien la preuve que la véritable nature de l'humanité est la compassion et l'affection. Et si nous ignorons tout le travail que peut faire l'amour dans le monde, c'est parce qu'il nous semble naturel. Tandis que les actes sanguinaires ne cessent de nous surprendre, de nous choquer, car ils sont contre nature. On donne ainsi à trop de gens l'impression que la nature humaine est négative, agressive et violente. Il est extrêmement préjudiciable au plan psychologique, spécialement pour les jeunes enfants, d'avoir sous les yeux, par le biais de la télévision, les éléments les plus négatifs de l'humanité en moins de temps qu'il n'en faut pour le dire. Si tout cela se révèle relativement excitant sur le moment, il ne faut pas se cacher que le déploiement de cette violence est à long terme pernicieux et nuisible à la société. J'ai rencontré récemment le philosophe Karl Popper. Lors de ma première visite dans son pays en 1973, nous avions fait connaissance et échangé nos points de vue sur la violence à la télévision. Nous partageons le même sentiment, particulièrement sur l'impact négatif que celle-ci peut avoir sur des millions d'enfants. Pour souhaiter un futur plus doux, pour permettre l'émergence d'un meilleur avenir, l'essentiel se trouve dans une juste façon d'éduquer les enfants.

Le racisme, le fanatisme et la folie humaine

Votre Sainteté, le racisme, le fanatisme et la folie humaine semblent croître de jour en jour. À quoi attribuez-vous ce phénomène et quelles sont les actions positives que vous préconisez pour combattre cette tendance ?

Cette montée du racisme dépend très largement de l'éducation actuelle. Plus l'information transmise est correcte, plus on crée un contact avec autrui, plus on est vigilant et mieux c'est. Il convient d'adopter également une certaine largesse d'esprit. N'oublions pas que chacun de nous n'est qu'un modeste individu parmi cinq milliards d'êtres humains et que son avenir dépend en majeure partie des autres. Le problème vient du manque de connaissance et de respect des autres cultures, voire de l'ignorance qu'ont certains de l'existence d'autres communautés et de la réalité de la vie actuelle. Car l'argument du racisme ne tient pas : les seuls motifs qui pourraient le justifier seraient la possibilité de s'accomplir totalement tout en restant entièrement indépendant au sein même de sa culture et de sa communauté — et sans entretenir aucune relation avec les autres sociétés de la planète. Or, ce n'est pas le cas. Il est non seulement impossible aujourd'hui d'ignorer l'existence des autres, mais la vie dans notre société est telle que le bien-être et le bonheur d'une communauté sont pieds et poings liés aux intérêts des autres. Dans cette complexité propre à notre société contemporaine, il n'y a aucune place pour le racisme et le fanatisme.

Si j'en crois mon expérience personnelle, je suis absolument sûr que le bouddhisme est la religion qui me convient le mieux. Mais cela ne veut, en aucun cas, dire que cette philosophie est la meilleure pour tous les êtres humains. Car, si je respecte les droits de chacun, je dois également respecter et accepter la valeur des religions différentes de la mienne, car elles conviennent à des millions de personnes pour lesquelles elles « fonctionnent ».

Au Tibet, je recevais très peu d'informations et ma connaissance des autres traditions n'était que livresque : tout au plus avais-je quelques contacts personnels avec des étrangers. Depuis que j'ai acquis le « statut » de réfugié, je rencontre nombre de représentants des autres traditions et je puis même entretenir des relations bien plus étroites avec eux, ce qui a considérablement enrichi la compréhension que j'ai de leurs valeurs. Fort de ce dialogue, je crois maintenant que chaque religion a son intérêt. Et si je reste persuadé que c'est le bouddhisme qui reste la philosophie la plus sophistiquée, présentant le plus de facettes et la vision la plus large, je reconnais que toutes les autres ont un immense potentiel et peuvent procurer de nombreux bienfaits. Mon attitude à cet égard a donc considérablement évolué. Où que j'aille et quel que soit mon interlocuteur, j'admire sincèrement sa pratique et respecte sa tradition.

L'argent

Comment bien vivre dans une société où le besoin d'argent est impératif ?

On peut équilibrer la préoccupation financière et le bien-vivre. Même les Tibétains ont besoin de gagner leur vie. Quant à moi, en tant que chef de gouvernement en exil, je sais de quoi je parle puisqu'il me semble que notre déficit cette année avoisine les deux millions de dollars ! Ce problème me préoccupe énormément et pèse également lourd sur mes épaules !

Le contrôle des naissances et la croissance explosive de la population mondiale

Votre Sainteté, quelles sont les recommandations que vous souhaitez faire concernant le problème de la natalité dans le monde ?

Je suis persuadé que le contrôle des naissances comme la contraception sont une nécessité, car l'avortement est un acte par trop désolant. J'aime à répéter à qui veut l'entendre, en matière de plaisanterie, que tout irait bien dans ce monde s'il y avait plus de moines et de religieuses ! N'est-ce pas la méthode la plus efficace et la moins violente de contrôle des naissances ?

La religion dans le monde contemporain

Votre Sainteté, notre pays (la Grande-Bretagne) a connu un repli par rapport à la religion ces dernières années. Parallèlement, l'intérêt s'est porté sur les différentes techniques de développement personnel. Pensez-vous que la religion soit aujourd'hui une voie qui convient aux besoins du monde contemporain ?

Oui, trois fois oui. La religion est pertinente dans notre société. Mais permettez-moi d'éclairer mon propos. Il est vrai que certaines facettes de traditions blanchies par les années ne sont, n'en doutons pas, plus de mise. Cela n'invalide pas pour autant la religion considérée. Il faut pour s'en convaincre porter son regard vers le cœur, l'essence de chaque religion, bouddhisme compris. Peu importe qu'ils aient vécu il y a cent ans, mille ans ou cinq mille ans, les êtres humains sont fondamentalement identiques. Si les cultures et les modes de vie ont évolué, l'être humain est sensiblement le même. Et ses problèmes aussi. Sa souffrance — la maladie, la lutte, la vieillesse, la mort — est intacte. Je n'ai aucune idée de la forme que nos semblables prendront dans dix mille ou cent mille ans. Mais je suis sûr que leur nature n'a guère évolué pendant ces derniers siècles.

Toutes les religions se préoccupent de la souffrance humaine, la constance de celle-ci par-delà les siècles justifie leur présence. En revanche, les rituels ont connu quelques modifications. Ce fut notamment le cas en Inde, lors du système féodal, où le roi régnant pouvait exercer une influence considérable sur la pratique religieuse du moment. Cela a changé et changera encore.

Quant au bouddhisme, il ne s'intéresse pas qu'à cette vie ici-bas mais à bien d'autres aspects mystérieux de la vie. La modernisation s'installe dans d'autres domaines. Et le bouddhisme ne se contente pas de répondre aux problèmes fondamentaux permanents du genre humain, il propose des explications et des portes de sortie liées aux autres formes de vie encore mystérieuses.

Les temps modernes ne modifient le monde et les hommes qu'en surface. En profondeur, ils perdurent, fidèles à leur nature véritable. L'année dernière à la frontière italo-autrichienne, on a mis au jour la dépouille presque intacte d'un homme vieux de quatre mille ans. Bien que cette personne ait appartenu à une culture différente de la nôtre, bien que son mode d'expression ait été sensiblement différent du nôtre, à supposer qu'elle puisse revivre, je reste persuadé que nous aurions pu communiquer avec elle.

La négativité des médias

Comment peut-on pallier la négativité des nouvelles transmises par les médias ? Comment venir à bout de ce que véhiculent des institutions sociales telles que les médias, les spectacles et autres magazines qui font, semble-t-il, sans cesse l'apologie de la violence et autre comportement négatif, c'est-à-dire l'opposé exact de ce que vous prônez ?

Voilà, en effet, un problème qui me préoccupe très sérieusement. Je pense, là aussi, que tout dépend de notre façon de voir les choses. Si l'on considère les violences — meurtre, sexe, etc. — sous un autre angle, il faut aussi en voir le côté profitable. Car l'attention que l'on porte à l'effet de ces émotions permet de se souvenir de leur nature destructrice et d'oublier l'excitation qu'elles provoquent de façon éphémère.

En ce qui concerne les médias, particulièrement les médias occidentaux, j'ai une autre opinion. En Inde, par exemple, la télévision montre souvent des tueries et censure les choses du sexe. Pourtant, entre le meurtre et le sexe, le sexe est bien meilleur. Prétendre qu'il ne fait pas partie de la vie n'est pas une bonne chose !

Il est vrai que l'on ne voit que le côté négatif des choses sans valoriser assez les actes humains de compassion. Or il est tout aussi important de présenter clairement les qualités de l'humanité, ce qui est fait trop rarement.

J'ai récemment visité à Washington le musée de l'Holocauste, ce qui m'a remis en mémoire les qualités contradictoires des êtres humains ; d'une part la torture, l'assassinat et le génocide perpétré par les nazis, terrible et inacceptable, comme un rappel de ce que la haine peut engendrer dans l'intelligence humaine, et d'autre part le sacrifice de ceux qui ont tenté de protéger les Juifs, faisant preuve d'une qualité humaine exceptionnelle. En fait, les choses s'équilibraient. Si nous laissons la haine nous guider, nous serons cruels et destructeurs. Mais celui qui se fait le chantre des qualités humaines fondamentales peut commettre des actes remarquablement généreux. C'est cette coexistence que les médias devraient montrer et non un seul aspect des choses.

La recherche en génétique

L'évolution des recherches dans le domaine médical et scientifique permet aujourd'hui de choisir le sexe de son enfant. Qu'est-ce que Votre Sainteté pense du génie génétique et de l'effet qu'il provoque sur le fœtus. Est-ce celui-ci qui a le choix ou ses parents ?

Voilà bien une question d'ordre général à laquelle il est difficile de répondre, car on doit étudier la chose, cas par cas. En effet, il se trouve que ce genre d'intervention peut avoir des côtés positifs dans des cas très spécifiques, ce qui rend la question encore plus épineuse et subtile.

LES ÉMOTIONS HUMAINES

La transformation
de la peur et du désespoir

N'importe qui peut-il transformer sa peur ou son désespoir et de quelle façon ?

Bien sûr. Dans ma jeunesse j'avais toujours eu peur du noir. Le temps venu, la peur disparut. Quand il s'agit d'aller au-devant des autres, plus votre esprit est fermé et plus l'appréhension est grande. Au contraire, plus vous vous ouvrez à autrui et mieux vous vous sentez. C'est du moins ce que j'ai appris de la vie. Quel que soit mon interlocuteur, mendiant, sommité ou personne de la rue, je ne fais aucune différence. Sourire et montrer un visage authentiquement humain reste essentiel. Il existe différentes religions, différentes cultures, différentes langues, différentes races — peu importe. Que l'on soit cultivé ou non, riche ou pauvre, nous sommes tous égaux. Lorsque je lui ouvre mon cœur et mon esprit, j'accueille mon interlocuteur comme un vieil ami. Et c'est bien utile ! Partant de cette attitude d'ouverture initiale, j'agis au gré des circonstances. Mais, comme dès le départ j'ai pris l'initiative d'une certaine ambiance, je reçois souvent en retour une réponse positive humainement parlant. La peur peut donc et doit donc être vaincue.

L'homme entretient de nombreuses espérances. Si l'un de ses projets vient à échouer, cela ne signifie pas que tous ses espoirs sont partis en fumée. Certaines personnes — j'en connais — sont incapables de surmonter l'échec d'un seul de leurs projets. Il est vrai que l'esprit humain est d'une grande complexité. Nos attentes et nos peurs sont si différentes qu'il est pour le moins dangereux d'investir tout dans un seul projet, un seul espoir. Qu'il vienne à se briser et nous sommes au comble de l'abattement ! C'est par trop risqué !

L'attachement aux biens matériels et aux compagnons de route

Vous avez parlé de la façon de traiter l'attachement à notre corps. Quelles méthodes efficaces proposez-vous pour guérir cet attachement extrême de notre société envers la richesse matérielle et notre entourage ?

Accepter le principe de la renaissance ou d'une forme d'existence après la mort permet d'aborder ce sujet de façon différente. En méditant d'abord sur la futilité extrême de l'attachement à son compagnon ou à ses richesses, en méditant ensuite sur la nature transitoire et impermanente de ces phénomènes. En méditant enfin sur l'enchaînement, le « cercle vicieux », qui augmente les émotions douloureuses conduisant à la frustration proportionnelle à la force de notre attachement.

Que vous soyez simplement incroyant ou profondément athée, si vous considérez le but de la vie, vous verrez que son propos n'est pas la possession de biens ou de personnes, si chères nous soient-elles. L'incarnation a bien d'autres objectifs, bien d'autres sens. Même incroyant, il est possible de se livrer à certaines formes de contemplation et d'utiliser celles-ci comme des outils pour réduire l'attachement extrême qui nous lie aux biens terrestres et à autrui. En l'occurrence, si ceux-ci constituent des conditions au bonheur et à l'accomplissement, ce ne sont pas les seuls. C'est pourquoi il est inutile de se focaliser et d'investir toute son énergie dans cette unique direction. Des formes similaires de contemplation se trouvent dans les classiques de la littérature bouddhiste, par exemple dans les *Quatre Cents Vers sur la voie du milieu*.

La véritable tolérance

Votre Sainteté peut-elle développer sa pensée sur les relations interpersonnelles en accord avec le karma personnel ? Comment aborder la différence entre tolérance et stupidité ?

La tolérance authentique est une attitude ou une réponse que l'on adopte par rapport à un incident, ou envers une autre personne lorsqu'on a la possibilité d'agir contradictoirement. En d'autres termes, au vu des éléments en sa possession, l'individu a la possibilité de décider de la nature de son comportement, de choisir une démarche positive ; c'est ce qui s'appelle la véritable tolérance. Ce qui est extrêmement différent de la situation dans laquelle l'individu n'a aucune possibilité de réagir et d'exercer son libre-arbitre. Étant en position de faiblesse et d'impuissance, il ne peut rien faire de sa propre initiative. Cette différence est très clairement exprimée dans l'un des très importants textes bouddhistes, *Le Recueil des actes*, par le grand maître indien Shantideva. Ainsi, la tolérance que je montre envers les Chinois est en réalité sujette à caution. En effet la question reste ouverte : Est-ce que je fais là montre d'une véritable et authentique tolérance ou non ? !

La maîtrise de la peur

Comment peut-on maîtriser sa peur ou sa timidité lorsqu'il s'agit d'un état d'esprit habituel sans cause apparente ?

Là encore, je crois que tout dépend du regard que l'on porte sur les choses. Bien souvent une pensée, un sentiment soudain — qui peut être la peur — nous accable et, si nous le laissons faire son chemin — en d'autres termes si nous nous y abandonnons sans vigilance —, il peut agir par lui-même et commencer à nous affecter. Savoir recourir alors à sa faculté de raisonnement est essentiel, afin de ne pas tomber sous le joug de ces sortes de pensées et de sentiments. Il peut parfois y avoir une raison valable à cette peur qui est alors une bonne peur ! Elle crée en effet une réaction de défense chez l'individu qui prend alors des mesures préventives, attitude très positive. Sans raison fondamentale à la crainte, il convient de méditer et d'analyser la peur afin de la réduire : telle est la juste façon de procéder.

La compassion spontanée

La compassion peut-elle naître spontanément une fois acquise une vision pénétrante, intuitive, directe de la réalité ?

Tout dépend de l'orientation spirituelle de l'individu et de sa motivation fondamentale. C'est le cas pour certains pratiquants devenus familiers des principes de la voie mahayana[1], particulièrement de l'altruisme. Plus pénétrante est la vision au cœur de la nature de la réalité, plus grande sera la puissance de compassion et d'altruisme. Celui qui a acquis ce regard sait que les êtres sensibles retournent dans le cycle de l'existence du fait de leur ignorance de la nature de la réalité. Les pratiquants chevronnés, quant à eux, prennent également conscience d'une voie permettant de se libérer de la souffrance. Forts de cet accomplissement, leur compassion augmente parce qu'ils comprennent la destinée humaine — et bien qu'ils puissent s'en échapper, ils sont retenus et impliqués dans le cycle de la vie.

---

1. « Mahayana » ou « Grand Véhicule » ou « Chemin de Bodhisattva » est l'école de pensée la plus répandue. « L'enseignement de Bouddha y est compris comme donnant la prééminence à l'activité altruiste des Éveillés (Bouddhas) qui mettent en œuvre la perfection de leur grande compassion pour le salut de tous les êtres. » *Samsâra, la vie, la mort, la renaissance, le livre du Dalaï-Lama*, le Pré aux Clercs, Paris, 1996. *(N.d.T.)*

L'acquisition de cette vision ne garantit pas automatiquement l'éveil spontané de la compassion. Il faut également qu'elle soit causée par une préoccupation altruiste, une volonté d'aider les autres, qu'elle soit sous-tendue par la volonté de se libérer du cycle de l'existence. La vision de la véritable nature de la réalité ne suffit pas à engendrer une compassion authentique, elle doit être motivée.

Le pardon et la rémission des actes négatifs

Pouvez-vous nous entretenir du pardon ? J'ai eu l'occasion dans le passé d'agir de façon erronée et discutable. Le sentiment de culpabilité trouble la paix de mon esprit, bien que je travaille à réparer les dommages commis. Comment faire pour que je me pardonne et que les autres aussi me pardonnent ?

La pratique du bouddhisme peut vous engager dans un processus de purification qui implique de mettre en œuvre ce que nous appelons les « quatre pouvoirs », l'un d'eux étant la capacité de regret de l'action commise. Mais il est aujourd'hui acquis, si j'en juge par vos paroles. Second facteur : la résolution de ne plus commettre ce genre d'action dans le futur. Par ailleurs, la pratique de purification réelle impliquerait des engagements complémentaires ; prendre refuge dans les « Trois Joyaux » et s'exercer à certaines pratiques religieuses telles que les prostrations, la récitation de mantras, la méditation sur l'amour et la compassion ou la méditation sur la vacuité, l'ultime nature de la réalité.

L'expression positive de la colère

Existe-t-il des exemples de l'expression positive de la colère fondée sur la compassion et la compréhension de l'être ?

Absolument. Il est possible que les circonstances fassent que la motivation fondamentale de la colère soit la compassion. Même si la colère est le catalyseur immédiat ou le facteur motivant de l'action, c'est là une force très vigoureuse qui peut être positive.

Acceptation de ses émotions

Votre Sainteté, peut-on demeurer harmonieusement en contact avec ses émotions sans crainte de déviation ? Il m'arrive de maîtriser mes sentiments au point de rester fermé et incapable d'aimer.

En parlant d'amour et de compassion, je fais une distinction entre les choses de l'amour ordinaire et le sens que je donne au terme Amour. L'amour dont je parle naît de la reconnaissance de l'autre et de son existence comme du respect de son bien-être et de ses droits. L'amour-attachement envers un intime est, du point de vue de la pratique religieuse, un sentiment qu'il faut arriver à purifier, en acquérant un certain détachement.

Lorsqu'on entreprend ce travail sur soi, on se trouve relativement solitaire. En fait, c'est là l'un des buts de l'engagement religieux. Si cette vie solitaire paraît, à première vue, un peu fade et austère, en réalité, elle est bien plus savoureuse, bien plus colorée. Car, dans les faits, le bonheur des profanes connaît trop de fluctuations. C'est pourquoi je crois qu'à long terme celui des religieux, moins théâtral, est relativement stable, et donc beaucoup plus tranquille ! Ce qui est une consolation pour ceux qui ont endossé l'habit du moine ou de la nonne !

Le désespoir et la dépression

Si quelqu'un plonge dans les abysses du désespoir et qu'il veuille une nuit se suicider, quel conseil pouvez-vous donner à cette personne pour lui rendre sa stabilité et une vision positive des choses ?

Voilà qui est bien difficile dans le cas où cette personne n'a ni antécédent spirituel ni pratique. Je ne sais pas vraiment quel conseil lui donner. Si, en revanche, la personne a une expérience, même inachevée au plan religieux de quelque tradition que ce soit — et particulièrement si elle est bouddhiste —, on peut alors lui recommander de songer à la nature du Bouddha et au potentiel que représentent le corps et le cerveau de l'homme. La vie des grands pratiquants du passé illustre les épreuves que l'on doit subir : cet exemple lui sera également d'un grand secours d'autant plus que certains de ces grands maîtres étaient des gens très simples, sans éducation, peu aidés par la vie, parfois même dépressifs. Pourtant leur détermination, la confiance qu'ils avaient en leurs possibilités leur ont permis d'atteindre l'accomplissement, la plus haute illumination. Il ne faut pas oublier que dépression et désespoir sont peu propices à la rectification de nos erreurs.

La transmutation des énergies de la colère et du désir

Votre Sainteté, vous nous avez parlé des divinités colériques. Pouvez-vous en dire un peu plus sur la façon de transformer l'énergie de la colère et de l'avidité grâce à la pratique du tantrisme. Quelle est la clé d'une telle transmutation ?

Il est nécessaire de posséder certaines compétences pour ce faire. Pour devenir capable d'opérer cette transformation, il convient de bien connaître la méthode qui mène sur la voie de la sagesse. On doit également pratiquer assidûment et correctement la méditation du yoga de la déité, c'est-à-dire maîtriser la concentration et la focalisation ainsi que l'identité et l'apparence de la déité. Ensuite, on peut s'engager dans certaines activités permettant la transformation de ces énergies. L'action colérique peut être une motivation, comme certaines colères entièrement fondées sur *karuna* ; la compassion. Ce qui module la rapidité d'action. Mais il faudrait plus de temps pour décrire cette technique de façon satisfaisante.

LE BOUDDHISME

La vision juste et la sagesse

Apparemment, il ne fait pas de doute que la vision juste constitue le début de la sagesse sur la Voie et qu'elle n'est pas simplement une manifestation de la religion.

Vous avez raison de dire que la vision juste n'est pas nécessairement du ressort religieux. Lorsque j'affirme qu'une vision pervertie est l'une des « dix actions négatives », c'est parce que, dans le bouddhisme, celles-ci font référence au fait que l'on ne croit pas à la renaissance, à la possibilité d'atteindre le nirvana, etc. Alors que ces points de vue-là sont réellement spécifiques de la croyance bouddhiste.

La méditation

Comment la méditation peut-elle nous aider à atteindre une forme de contentement ?

En règle générale, dès que l'on évoque le terme de méditation, il convient de se souvenir de ses différents corollaires. Une méditation peut être très focalisée sur un seul objet, contemplative, absorbante, analytique, etc. La pratique permettant de développer le sens du contentement est une méditation de type plus analytique, car on réfléchit aux conséquences destructrices du manque de satisfaction et aux heureux effets de celle-ci. En méditant sur le pour et le contre, on peut augmenter considérablement les éléments positifs et donc la capacité de satisfaction alors que si l'on se confine dans un état d'esprit focalisé sans être relayé par la faculté d'analyse, le résultat risque de ne pas être satisfaisant. En effet, l'une des approches fondamentales que le bouddhisme fait de la méditation concerne l'impact direct de cette pratique dans la vie quotidienne. Ce qui est vécu en soi pendant la méditation doit être prolongé dans notre comportement et les relations que nous entretenons ensuite avec autrui.

145

Le karma

Le karma est la loi de cause à effet de nos actions. Inversement, que pensez-vous des causes et des effets de notre inaction ?

Dès que l'on aborde la doctrine du karma, positif ou négatif, celui-ci est forcément lié à une forme d'action, ce qui ne veut pas dire pour autant qu'il existe des actes neutres, c'est-à-dire un karma neutre, une sorte de karma de l'inaction. En l'occurrence, lorsqu'on est confronté à une situation où un désespéré a besoin d'aide, et que les circonstances font que notre engagement actif peut le secourir et le soulager, rester inactif provoquerait des conséquences karmiques graves.

Tout dépend de l'attitude et de la motivation. Indépendamment de la capacité que l'on a de soulager autrui, si l'on fait montre d'une totale indifférence à son endroit et qu'on l'abandonne à lui-même, cela ne peut qu'engendrer des conséquences négatives au plan karmique. Mais il faut nuancer. Car il se peut qu'un individu s'intéresse aux besoins d'autrui mais préfère rester inactif, par manque de confiance ou de courage. Cette situation est totalement différente et sera considérée comme moins négative.

La confiance dans la nature de Bouddha

Quel est le meilleur moyen d'avoir confiance en la nature de Bouddha qui est en nous ?

En se fondant sur le concept de la vacuité, la Claire Lumière objective, et également sur le principe de la Claire Lumière subjective, nous tentons d'approfondir la compréhension que nous avons de la nature de Bouddha. Ce n'est pas facile, mais à force d'investigations tant intellectuelles que pratiques, en appliquant ces principes à nos sentiments quotidiens, il existe un moyen d'approfondir et de ressentir par l'expérience la nature de Bouddha.

La nature des êtres sensibles et la « nature de Bouddha » des plantes

Votre Sainteté, la science moderne a des difficultés à distinguer clairement entre les plantes et les formes les plus simples de vie animale. Comment le bouddhisme décide-t-il de ce qui possède un esprit et de ce qui n'en possède pas ? Est-il possible de croire que les plantes participent aux cycles de l'existence et possèdent la nature de Bouddha ?

Lors d'une rencontre avec des scientifiques concernant la connexion possible entre la science moderne et le bouddhisme, nous avons soulevé la question des critères de détermination d'un être vivant, sensible ou non. Nous avons fini par aboutir à un accord qui précisait que le facteur décisif serait la capacité de se mouvoir, la mobilité. Mais les bouddhistes reconnaissent l'existence d'autres êtres sensibles qui ne possèdent pas de forme et vivent dans le monde du sans-forme. Par ailleurs, au sein même du monde de la forme, où les êtres se manifestent sous une apparence physique, les écrits bouddhistes font mention de nombreux êtres sensibles qui prennent l'aspect de plantes, etc. Quant à savoir si la plante qui se trouve sur cette table est sensible ou non, honnêtement, je ne sais trop que vous dire. Par convention, on pense que c'est juste une plante : nous l'acceptons donc en tant que telle.

Par ailleurs, notre perception comprend différents niveaux dans l'antinomie, la façon contradictoire dont nous percevons les choses par rapport à leur réalité. Ce qui nous amène à la doctrine philosophique de *Madhyamika Prasangika* qui accepte la distinction entre fausseté et réalité, entre illusion et réalité, de façon uniquement provisoire, mais non fondamentale.

Les croyances du conscient et du subconscient

Comment le bouddhisme, qui tente de porter un regard positif sur la vie, comprend-il la dichotomie entre croyances du conscient et du subconscient ?

Il est vrai que je ne suis pas toujours très clair en ce qui concerne la signification exacte du mot anglais « subconscient ». Mais le bouddhisme, lorsqu'il s'attache aux moyens de maîtriser les états émotionnels négatifs, pratique une distinction entre ceux qui s'expriment de façon consciente et ceux qui restent à l'état de disposition, de prédisposition ou de tendance. À choisir, il est plus facile de maîtriser les manifestations conscientes que la subtile complexité des prédispositions de l'esprit. Les écritures, lorsqu'elles présentent la voie vers l'illumination, considèrent la vision pénétrante de la nature de la vacuité comme le contrepoids permettant de contrôler les formes évidentes et manifestes de tous les états douloureux. Seule une intimité constante avec la nature de la réalité, grâce au long processus de la méditation, permet en fin de compte d'avoir prise sur ce qui reste sous-jacent au rang des prédispositions.

Les écrits font état d'étapes variées permettant de mettre sous tutelle les états négatifs. La première étape consiste à s'entraîner de telle façon que, face aux circonstances qui engendreraient normalement une réponse négative et de la peine, on puisse conserver une certaine sérénité. Puis, on parviendra à un stade plus avancé au cours duquel le pratiquant sera en mesure de réagir et de prévenir l'apparition des émotions affligeantes. Enfin, la troisième étape, plus élaborée, permet même de supprimer jusqu'à la graine, c'est-à-dire le potentiel qui, en lui, pourrait donner naissance à ce genre de réactions négatives. C'est là un processus complexe. Un coup de baguette magique ne peut dans l'instant permettre une vision pénétrante de la nature de la réalité pour repousser tous les éléments négatifs de l'esprit.

Pour préciser encore la subtilité de cette progression, il est utile d'observer comment notre esprit passe par des étapes différentes avant d'atteindre un seul but. Parfois, la façon dont on considère celui-ci peut être en totale contradiction avec la réalité même si l'on tente de comprendre la nature exacte de la situation. La première approche peut être progressivement remise en question et aboutir à une étape où l'on balance entre deux possibilités. Plus on analyse, plus le moment d'hésitation se transforme vers ce que l'on présume être la solution correcte. Et cela devient connaissance vraie. Il se peut que cette connaissance vraie ne soit qu'une induction fondée sur certaines prémisses bientôt conceptualisées. C'est en s'y attachant constamment que cette compréhension induite finit par culminer en une compréhension directe et intuitive de la nature de la réalité. Il existe bien là une progression illustrant la complexité des forces mises en jeu pour maîtriser les états douloureux. Le bouddhisme considère donc l'état véritable de cessation de la souffrance, quand l'individu a complètement maîtrisé les effets des émotions et des états cognitifs négatifs, comme une vision directe et intuitive de la réalité.

Le bouddhisme considéré comme voie spirituelle

Votre Sainteté, pourquoi le bouddhisme est-il présenté comme une voie spirituelle alors qu'il traite essentiellement du mental ?

Il est vrai que certains décrivent le bouddhisme comme une science du mental et non comme une religion. Dans ses écrits, Nagârjuna, l'un des plus grands maîtres bouddhistes, explique que l'approche spirituelle de la voie bouddhiste nécessite de bien coordonner les facultés intellectuelles avec la capacité de foi. Peu sûr des subtilités du terme anglais « religion », je crois, pour ma part, que l'on peut définir le bouddhisme comme une sorte de combinaison entre voie spirituelle et système philosophique, et cela bien qu'il mette davantage l'accent sur la raison et l'intelligence que sur la foi, ce qui ne nous empêche pas de donner un grand rôle à cette dernière. En l'occurrence, le bouddhisme classe tous les phénomènes en trois catégories : les phénomènes immédiatement évidents, ceux que nous expérimentons directement, ceux que nous expérimentons, relions et comprenons directement ; ensuite, certains types de phénomènes nécessitant un processus logique, mais que nous pouvons déduire à partir de prémisses évidentes ; enfin les phénomènes « obscurs » dont la compréhension s'appuie uniquement sur les témoignages d'un tiers, Bouddha, car ce n'est que par la confiance que nous avons dans sa parole que nous acceptons leur existence.

Il n'est pas question de prendre en compte ce témoignage-là sous l'effet d'une foi aveugle, simplement parce que c'est celui du Bouddha, mais parce que sa parole a prouvé sa fiabilité pour les phénomènes relevant de la raison et de la logique. Nous donnons donc en quelque sorte un rôle à la foi dans ce cas précis quoiqu'elle dépende, en fin de compte, du raisonnement, plus exactement de la fiabilité du raisonnement sur d'autres phénomènes. Le bouddhisme peut donc être décrit comme la combinaison d'un système philosophique, d'une science du mental et d'une voie spirituelle. Si la méthodologie bouddhiste, spécialement celle du Mahayana, met davantage l'accent sur la raison, c'est parce que ses écrits distinguent deux catégories dans les paroles du Bouddha. Certains écrits peuvent être pris littéralement et considérés comme définitifs tandis que pour d'autres il convient de dépasser l'interprétation littérale apparente et de l'affiner. La seule façon de déterminer à quelle catégorie appartient un écrit est de s'appuyer sur une forme de raisonnement. C'est la compréhension ultime de ce dernier et les recherches minutieuses faites pour l'approfondir qui sont les seuls juges. L'esprit de cette démarche est illustré par les paroles mêmes du Bouddha, trop souvent citées : « Ce n'est pas par simple respect envers ma personne, ni parce que ce sont mes paroles que les *bhikshus* (moines entièrement ordonnés) et les sages les acceptent. De même qu'un orfèvre vérifie la qualité de l'or par différentes techniques avant de porter un jugement sur celui-ci, de même les sages reconnaissent la validité de ces affirmations parce qu'ils les ont soumises aux investigations de l'analyse [1]. »

Ainsi, le Bouddha lui-même nous donne la liberté d'approfondir ses propres paroles. Si l'on distingue parmi les humains deux groupes, les tenants d'un matérialisme radical et ceux qui s'abandonnent à la foi seule, le bouddhisme n'appartient à aucun d'eux. D'un côté, en tant que science de l'esprit, les uns le rejettent en prétendant qu'il n'est pas une religion, tandis que les autres le trouvent trop spirituel parce qu'il implique des méditations et autres pratiques de ce genre. Le bouddhisme garde sa place de « voie du milieu ». Peut-être est-ce un avantage, car il est alors un pont permettant de rejoindre les extrêmes. Il m'arrive bien souvent de penser que, dans l'avenir, c'est dans ce sens qu'il jouera un rôle très important.

Le célibat

Le célibat est-il nécessaire pour atteindre l'illumination ?

1. Sa Sainteté développe ce thème dans *Le Monde du bouddhisme tibétain*, La Table Ronde, p. 46 à 48, où elle

Je ne le pense pas. Cependant, on pourrait se demander pourquoi le Bouddha a fini par prendre l'habit de moine. Du point de vue du *Viniya sutra*, le principal but du célibat est la réduction du désir ou de l'attachement.

Le Tantrayana et particulièrement le Tantra yoga supérieur considèrent que le flux d'énergie — les gouttes d'énergie ou l'état de félicité particulière qu'engendre leur fusion — permet de dissoudre les niveaux les plus grossiers de l'esprit et des énergies qui leur correspondent pour accomplir, par la béatitude, la plus subtile des expériences. Les gouttes de vie, plus exactement la fusion de celles-ci au sein des canaux d'énergie, provoquent l'état de félicité : elles en sont la clé [1].

---

propose une autre version de ce verset du Bouddha. *(N.d.T.)*

1. Sa Sainteté développe cette technique dans *Le Monde du bouddhisme tibétain*, p. 190, sq, en précisant bien qu'« il existe trois sortes distinctes de félicité » :

— la félicité causée par l'émission de fluides régénérants ;

— la félicité due au flux d'éléments vitaux au sein des canaux d'énergie et, finalement :

— la félicité connue dans le tantra sous le nom de félicité immuable.

Dans la pratique tantrique, on utilise les deux dernières pour réaliser la vacuité. De par la façon dont on met à profit la félicité pour réaliser la vacuité, bien des divinités de méditation du Tantra Yoga supérieur sont représentées en l'union sexuelle. Cette félicité-là est bien différente de l'orgasme que l'on peut connaître au cours d'une relation sexuelle ordinaire. » *(N.d.T.)*

Pour peu que l'on s'intéresse à l'iconographie des divinités et de leurs parèdres, on y voit de nombreux symboles sexuels fort explicites qui peuvent donner une impression erronée. En fait, l'organe sexuel est utilisé mais le mouvement énergétique qu'il engendre est en fin de compte totalement contrôlé. On ne laisse jamais sortir l'énergie, c'est-à-dire la semence. Elle est contrôlée et redistribuée dans les autres parties du corps. Pour bien pratiquer le tantrisme, il convient de cultiver cette capacité d'utiliser la félicité et les expériences qui y conduisent, lesquelles naissent du flux des fluides régénérateurs au sein des canaux énergétiques de l'individu. Il est primordial de se protéger de l'émission qui serait à ce moment-là une erreur. Il ne s'agit pas de l'acte sexuel ordinaire. C'est là que se situe la liaison avec le célibat. La pratique de *Kalachakra tantra* insiste particulièrement sur cette absence d'émission de l'énergie considérée comme essentielle. Ces écrits font également référence à trois sortes d'expériences de la félicité : la première est induite par le flux d'énergie, la deuxième l'expérience immuable, la troisième l'expérience mutable. Bouddha, en faisant le vœu de célibat, n'a pas donné toutes les explications de cet engagement. Il faut pour en comprendre le sens connaître parfaitement le *Tantrayana* qui peut répondre à votre question. D'où ma réponse, un peu « normande » ; non le célibat n'est pas vraiment nécessaire pour atteindre l'illumination, mais oui il l'est quand même un peu.

Les femmes et le célibat

Votre Sainteté, la réponse que vous venez de donner concernait le point de vue masculin. Pourquoi ne fait-on jamais mention de l'aspect féminin des choses dans ces pratiques ? Comment une femme doit-elle utiliser son énergie pour atteindre l'illumination par la félicité ?

Le principe et la technique sont les mêmes. Si j'en crois certains de mes amis indiens, les pratiquants du Tantrayana hindou utilisent également la pratique de la *Kundalini* et de la *Chandralini*. La femme possède la même sorte d'énergie, de gouttes de vie et de semence, il s'agit donc de la même méthode.

La forme de la renaissance

Quel est le facteur ou la personne qui détermine comment nous devons revenir sur terre ?

Le bouddhisme considère que c'est le karma, c'est-à-dire notre seule action personnelle qui détermine réellement notre renaissance. L'état d'esprit qui est le nôtre au moment de la mort joue également un rôle considérable. Tous ceux qui ont acquis quelque familiarité avec le bouddhisme savent déjà l'importance de la doctrine principale enseignée par le Bouddha sous le nom des « douze maillons dans la chaîne de la production conditionnée », le second chaînon étant le karma. Cependant, il ne suffit pas seul à conduire vers la renaissance. Sont également nécessaires des conditions circonstancielles telles que les émotions affligeantes et les événements cognitifs. Il s'agit des huitième et neuvième maillons qui sont l'attachement et le fait d'avoir prise sur les choses. Lorsque l'empreinte karmique se trouve stimulée par la force de ces deux maillons, elle mûrit, formant ainsi le dixième maillon, celui du devenir[1].

La nature d'une renaissance dépend fondamentalement de l'empreinte karmique et du potentiel de l'être, issus de cette vie présente mais aussi des vies précédentes. Il se peut également que certaines facettes de ce potentiel prennent plus de force et de puissance. Un texte bouddhiste *Abidharma Kosha* précise que, parmi les « potentialités karmiques », les « graines karmiques » que l'on recèle dans la continuité de son mental, la plus puissante détermine la nature de la renaissance. S'il advient que l'individu possède des graines de force égale, c'est alors l'action la plus proche de la vie actuelle qui porte ses fruits. S'il reste encore de nombreuses empreintes inégalement perceptibles, c'est l'action dont l'individu est le plus coutumier qui détermine la prochaine renaissance. L'un des

---

1. Voir note 1 page 91 le détail des douze maillons tel que le donne Pierre Crépon. *(N.d.T.)*

facteurs déterminants se situe au moment de la mort, par l'état du mental à ce point crucial.

L'utilisation des rêves

Pouvez-vous nous en dire plus sur la façon d'utiliser les rêves ?

Seul le Tantra yoga supérieur dans le bouddhisme tantrique propose des techniques de méditation applicables à l'état de rêve. Leur but est double. D'abord en offrant l'opportunité de répéter cet état particulier, elles permettent de se familiariser avec le processus de la mort, puisqu'on constate une progression, une dissolution analogues dans les deux cas. Si les méditants en reproduisent ainsi le mécanisme, c'est pour mieux s'entraîner à en reconnaître les étapes et les différents signes.

Le but principal de cette sorte de méditation est, cependant, d'acquérir une maîtrise suffisante pour faire l'expérience, pendant cet état particulier du rêve, de la Claire Lumière, le niveau le plus subtil de la conscience. Celle-ci permet de vivre les étapes de la dissolution mais, pour ce faire, il faut savoir reconnaître les rêves comme « état de rêve » grâce à deux méthodes. La première passe par le *Prana yoga*, c'est-à-dire la connaissance et la maîtrise des canaux d'énergie, relativement difficile pour les débutants, la seconde tente de développer une certaine force mentale permettant d'engendrer une volonté d'identifier ou de reconnaître les états de rêve en tant que tels. Cette méthode inclut un régime diététique et une discipline quotidienne.

La reconnaissance des femmes dans le bouddhisme tibétain

Pourquoi le bouddhisme tibétain ne reconnaît-il aucune femme comme lama ou gourou ?

Nous connaissons quelques réincarnations très élevées telles que Samdring Dorje Phagmo, qui sont traditionnellement des femmes lamas d'une position supérieure. Samdring Dorje Phagmo lama est la quatorzième incarnation, ce qui montre que cette institution est aussi ancienne que celle du *Karmapa* considérée comme la première institution de la réincarnation au Tibet.

Certes, il existe peu de lamas femmes réincarnées. La majorité des réincarnations sont masculines, sans doute parce que dans le passé le rôle et la position des femmes ont été méconnus. Mais il faut attribuer cette négligence au fait qu'on n'y a pas vraiment pensé. Les bouddhistes tibétains s'en sont tenus jusque-là au statu quo, et cela aussi dans d'autres domaines. Pour illustrer mon propos, j'ai eu récemment l'occasion de rencontrer à Dharamsala quelques enseignants bouddhistes occidentaux et nous avons évoqué un point de la cérémonie d'ordination portant sur la façon de déterminer l'ancienneté parce que la coutume, semble-t-il, aboutit à une aberration. J'ai donc promis d'organiser sous six mois une conférence pour discuter de cela au moins entre érudits et *bhikshus*. Pour peu que nous pensions à un problème, nous savons revoir notre copie. Je crois que le système bouddhiste, particulièrement le *Viniya sutra*, donne les mêmes droits aux femmes qu'aux hommes quant à l'ordination supérieure des *bhikshus* et *bhikshuni*. C'est un fait que le nombre de *bhikshus* est supérieur à celui des *bhikshuni*. Or, dans le *Bodhisattvayana* (le véhicule ou voie des Bodhisattva), chacun a la même nature de Bouddha. Chacun possède également la même capacité de parvenir au niveau de la *bodhicitta* (l'esprit d'éveil) et de pratiquer les six *pâramitâs*[1].

Du point de vue bouddhiste quant à la discrimination concernant les droits des femmes et leur place dans cette religion, si l'on ne considère que la nature de Bouddha, il n'existe aucune différence entre les hommes et les femmes. De même, en terme de potentialité de l'individu

---

1. Les six perfections ou vertus qui sont : *dâna*, l'offrande, le don, *silâ*, l'observance des préceptes, *kshânti*, la patience, *vîrya*, l'effort pour s'éveiller et aider tous les êtres, *dhyâna*, la méditation, *prajnâ*, la sagesse, fruit de l'éveil. *(N.d.T.)*

capable de l'aspiration altruiste la plus élevée et d'atteindre la « bouddhaïté », c'est-à-dire la vision de la nature ultime de la réalité.

Il faut admettre que certains écrits du bouddhisme conduisent à une sorte de ségrégation. C'est le cas de *Abidharma Kosha* qui présente les traits du pratiquant accompli, c'est-à-dire du bodhisattva, sous la forme masculine, ce qui reflète, semble-t-il, un certain parti pris. Quand on détaille la pratique la plus élevée du bouddhisme, c'est-à-dire le Tantra yoga supérieur, on ne trouve aucune distinction de cette sorte, du fait que l'initiation au Tantra ne peut être complète sans la participation à part égale de pratiquants masculins et féminins. Au même titre, on peut transmettre les pouvoirs aux hommes comme aux femmes. De même que dans le Mandala yoga de la déité où la pleine participation des divinités tant masculines et féminines est requise. Quant au Tantra, il comporte des préceptes spécifiques précisant que toute discrimination envers les femmes est contraire à ses principes et les trangresse. Pareillement, la même approche est nécessaire si l'on veut expérimenter pleinement la voie tantrique vers l'illumination. On doit s'adonner à une pratique complémentaire réunissant les deux genres. Le pratiquant masculin a besoin de l'assistance et de la stimulation du sexe opposé et réciproquement. C'est ainsi que l'on parvient à l'état de félicité ultime totalement différent de l'orgasme ordinaire. De même, les pratiquants des deux sexes peuvent atteindre l'illumination totale en tant qu'homme et femme. Le Tantra yoga supérieur ne fait aucune discrimination entre homme et femme.

Il est essentiel, je crois, que les femmes revendiquent tous leurs droits. La communauté des réfugiés tibétains en Inde s'est fait leur avocat pendant de nombreuses années, particulièrement des religieuses. Elles doivent avoir la même volonté et la même audace que les hommes à poursuivre des études. Si le passé n'a pas reconnu parfois les monastères féminins comme centre de recherches, ce ne fut pas toujours le cas. Certains représentaient des lieux importants de la connaissance et des débats philosophiques. On possède même des exemples de débats où les religieuses ont été plus pertinentes que les hommes ! Voilà près de vingt ans que je me bats en Inde pour les droits des femmes, ce qui ne les empêche pas d'avoir le devoir de revendiquer leurs droits de leur pleine initiative.

Le déterminisme

Certains, enseignants compris, prétendent que, lorsque l'on prend une décision ou que l'on commet une action, ce n'est pas vraiment nous qui agissons. Il y aurait un déterminisme qui ferait que ce qui doit arriver arrive indépendam-

ment de ce que l'être humain pense prendre comme décision. S'il en est ainsi, comment alors pouvons-nous créer notre karma ?

Voilà bien, me semble-t-il, une conception erronée des choses. Si cette interprétation fataliste était fondée, alors les concepts mêmes de possibilité de libération et d'illumination n'auraient plus aucun sens. En effet, cette dernière induit que nous transformions totalement notre karma, que nous parvenions au salut, c'est-à-dire à la bouddhaïté, l'état de Bouddha. C'est là une initiative nouvelle et inédite et c'est ainsi que j'entends les notions de pratique et de cheminement sur la voie spirituelle. Des gens, même des Tibétains, utilisent parfois le karma comme une sorte d'excuse. Ils font là une grave erreur.

La méditation sans purification préalable de la motivation

Je voudrais parler de la grande blessure que peut procurer une méditation pratiquée sans que sa motivation initiale soit purifiée. J'ai eu l'occasion de rencontrer des gens qui avaient atteint une certaine puissance du mental et qui utilisaient ce pouvoir de façon égoïste, voire cruelle. Leurs esprits s'étaient bloqués et leurs cœurs, durcis, restaient impurs. Existe-t-il une méthode pour décristalliser les énergies que l'on a rassemblées et fixées de façon erronée ?

Il est essentiel de maintenir une démarche équilibrée lors de sa méditation. Du reste, les enseignements bouddhistes sont souvent résumés comme une « voie d'ensemble », détaillée et complète. En l'occurrence, si l'on se concentre sur la recherche de la vision de la vacuité sans tenter un seul instant de cultiver la compassion de l'esprit, le résultat est bien moindre. De même, si l'on s'attache au seul développement des facteurs compassionnels sur la voie sans aucun respect pour la sagesse et l'intelligence, l'aspiration altruiste ne pourra jamais s'épanouir pleinement, elle restera isolée. On distingue deux approches différentes concernant la pratique individuelle de la voie bouddhiste. La première a pour propos et fondation la compréhension de la charpente de l'édifice, de la structure de la voie et la façon dont les principaux éléments qui la constituent s'y intègrent. Dans la seconde démarche, considérée comme plus individuelle, le disciple, sans chercher à comprendre la structure globale de la voie, suit les seules instructions données par un maître reconnu. Celui-ci doit être de grande qualité, car son rôle est primordial, l'attention du disciple étant focalisée sur son enseignement. Il s'agit là d'un cas exceptionnel où l'individu ne poursuit pas de travaux approfondis.

La foi aveugle

Que pensez-vous de la foi aveugle dans la recherche de l'illumination ?

Je ne pense pas qu'elle puisse mener très loin !

La compassion et la dépendance à autrui

Votre Sainteté, lorsque nous essayons de nous comporter en être compatissant, quel doit être notre sentiment de responsabilité ? Que faire lorsque quelqu'un se trouve émotionnellement dépendant de notre compassion ? Est-ce faire preuve de compassion que de blesser quelqu'un si l'on pense que c'est le meilleur service à lui rendre à long terme ?

N'oubliez jamais que la compassion doit toujours être accompagnée de sagesse. Il est essentiel de mettre à profit son intelligence pour juger des conséquences à court et long terme de ses actes.

Le sens des actions individuelles

Je comprends la façon dont mon esprit et mes actes affectent les causes qui sont propres à mon destin, mais mes actes peuvent-ils également influer sur les conditions mondiales telles que la famine, la pauvreté et autres grandes souffrances des êtres sur cette terre. Si oui, de quelle manière ?

Nous avons parfois le sentiment que l'action d'un seul joue un rôle insignifiant et l'on croit, de façon logique, que des effets quantifiables ne peuvent naître que d'un mouvement fédérateur et canalisateur. Celui-ci pourtant n'est que la réunion d'individus. Telle est la société et pour cette raison l'initiative doit venir des individus. Si chacun ne prend pas ses responsabilités, toute la communauté restera immobile. C'est pourquoi il ne faut, en aucun cas, minimiser l'effort individuel. Continuez à faire des efforts.

L'apprentissage du bouddhisme chez les débutants

Conseilleriez-vous aux débutants occidentaux de progresser lentement sur la voie, quitte à aborder moins de sujets, ou d'essayer d'apprendre le plus de choses possible le plus vite possible ?

Il faudrait pouvoir répondre cas par cas. Une recherche approfondie est souvent plus profitable. Il ne faut jamais oublier que le développement spirituel prend du temps. Ce n'est pas l'œuvre d'un jour, on n'obtient pas l'illumination dans la minute ! Il peut arriver qu'un lama prétende que si l'on suit son enseignement, l'expérience spirituelle viendra en une ou deux semaines. C'est une aberration.

L'esprit de Claire Lumière

Votre Sainteté parle de l'esprit inné de Claire Lumière. Cette notion émane du discours de Dzogchen. En fait Madhyamika Prasangika *réfute le concept d'esprit inné. Certains chefs Gelugpa l'ont même considéré comme hérétique et non bouddhiste. Pourtant, Votre Sainteté a montré comment intégrer ces vues apparemment contradictoires de la nature ultime. Pouvez-vous expliquer comment Dzogchen est compatible avec Lama Tsong kapa ?*

D'abord, vous avez commis une erreur, une confusion entre deux concepts apparemment similaires mais totalement distincts en réalité. D'une part, il existe l'esprit inné de Claire Lumière et de l'autre, ce que j'appelle « l'attachement inné à l'être souffrant ». Ce sont deux notions très différentes. La seconde se situe au plan conceptuel où la pensée est active. C'est l'état pendant lequel l'attachement inné au « soi » opère encore, tandis que l'esprit inné de Claire Lumière ne se manifeste qu'au plus subtil niveau. Mais, à ce moment-là, la plupart des pensées conceptuelles ont cessé, ce qui distingue bien les deux moments.

Quant à la nature conceptuelle ou non de l'esprit de Claire Lumière, les opinions divergent. Voilà, par exemple, une autre différence. L'esprit de Claire Lumière naît au sein de la perception de la nature de la réalité, et c'est là une des démarches les plus puissantes pour maîtriser cet attachement à la notion de l'être souffrant. Il est établi que la conscience la plus puissante permettant d'agir contre la force de l'attachement lorsque est atteinte la Claire Lumière objective — vacuité conjointe ou assimilée à l'expérience subjective de la Claire Lumière — est cet esprit inné dont nous parlons. Lorsqu'on fait référence aux positions gelugpa, il faut les assimiler à Lama Tsong kapa, fondateur de cette tradition et à ses deux principaux disciples. Dans les écrits de l'un d'eux, Khnanpuje, est soulevée la question de l'authenticité et de l'efficacité de la vision dzogchen de la nature ultime. Khnanpuje affirme que cette vision est authentique et qu'on peut l'appliquer à la pratique du Tantra yoga supérieur. Si la vision dzogchen a été si critiquée, c'est parce qu'il fut un temps où des pratiquants de cette école ont montré un certain laxisme par rapport à l'éthique de cette voie.

N'oublions jamais le mot vision — la vision juste —, la vision de la vacuité. Les écrits madhyamika, lorsqu'ils y font référence, s'attachent davantage à l'objet de la vacuité — la nature de la réalité telle qu'elle est — alors que la terminologie dzogchen et les écrits mahamudra entendent par ce terme l'expérience subjective.

La distinction est d'importance, car la comparaison de la vision de la vacuité entre les sutras et le tantra ne montre aucune différence ; celle-ci n'émerge que d'une perspective subjective dans la mesure où l'expérience subjective tantrique de la vacuité est réputée plus profonde.

LES DIVERS ASPECTS
DE LA MORT ET DU MOURIR

La mort soudaine ou accidentelle

Votre Sainteté, qu'arrive-t-il à celui qui meurt d'un accident, de voiture entre autres, ou est victime d'un meurtre ?

En de telles circonstances, l'individu se trouve confronté à une situation de choc extrême, mais l'état d'esprit qui l'habite peut être considéré comme neutre, ni vertueux ni non vertueux. Dans les recherches menées sur les phénomènes de renaissance, d'après des témoignages d'enfants se souvenant de leur vie passée, j'ai noté que généralement la mort qu'ils ont connue dans leur vie précédente était de nature soudaine et souvent accidentelle. C'est une question qui mériterait un approfondissement. À ma connaissance, le bouddhisme n'a pas expliqué ce point.

J'ai rencontré il y a dix ans, en Inde, deux fillettes, l'une du Punjab et l'autre d'Uttar Pradesh. Toutes deux avaient connu des morts soudaines au cours de leur vie antérieure. L'une d'elles conservait une mémoire remarquable de sa vie passée, au point que les parents qu'elle avait eus alors la reçurent comme leur propre fille, ce qui eut pour effet de lui donner quatre parents dans cette vie présente ! Je cherchais la relation qui avait pu avoir lieu. En fait, elles étaient toutes deux femmes dans leur vies précédente et actuelle, et toutes deux étaient mortes de façon soudaine. Peut-être l'esprit féminin est-il plus clair ! je l'ignore ! Si c'est le cas, je pense qu'à l'avenir il devrait y avoir plus de réincarnation chez les femmes !

Différence entre une mort soudaine et violente et une mort sereine

Votre Sainteté peut-elle préciser les différences entre une mort pacifique et une mort violente et soudaine ?

Il va de soi qu'en tant que pratiquant je préfère la mort naturelle, car elle ménage plus de temps pour s'y préparer. Le Tantrayana indique les moments où les différents éléments sont absorbés. Si le corps a conservé une certaine force, les signes avant-coureurs des différentes étapes de la dissolution apparaissent plus clairement, et la pratique en est facilitée. Cependant, si le mourant a supporté une longue maladie, qu'il est très affaibli physiquement, les indications sont nettement plus obscures. Le bouddhisme propose des techniques de méditation appelées « transfert de conscience » dont on recommande l'application au stade final et qui permettent à l'individu de traverser les différentes étapes de la dissolution en toute conscience. Préalablement, elles indiquent les signes permettant au méditant de s'assurer qu'il est bien parvenu à la fin de sa vie. Lorsque les signes s'accumulent, se répètent et qu'il n'y a aucune possibilité de renverser le processus, le méditant peut commencer la pratique du transfert de conscience. En ce sens, la mort naturelle est bien préférable.

La préparation de la mort et l'état comateux

S'il advient que quelqu'un, après s'être préparé à la mort, entre dans un coma mortel, cela a-t-il de l'importance ? Une personne garde-t-elle alors la clarté de la conscience ?

Bien que les deux états soient très proches l'un de l'autre et qu'il soit difficile d'être affirmatif, je crois que, même s'il est très avancé, le méditant qui connaît un coma prolongé ne dispose plus de toutes ses facultés et particulièrement ne discerne plus clairement les signes du processus de dissolution. La volonté qu'on a de les reconnaître possède assurément un impact et un effet sur la capacité à rester conscient au moment de la mort. Dans l'absolu, il serait très intéressant de mener des expériences sur ce phénomène. On pourrait étudier, en l'occurrence, la capacité du méditant accompli souffrant de maladie et tombé dans le coma à maintenir un état de Claire Lumière intact.

Il y a quelques années, une équipe de scientifiques désireux d'approfondir leur connaissance du processus mortel vint à Dharamsala pour procéder à des tests, apportant avec elle une machine spéciale. Mais, qui peut dire quand un individu mourra ? Et qui pourrait connaître ce genre d'expérience ? Personne n'a la capacité de le prédire ! Là est le problème. Depuis cette époque, j'ai connu de nombreux cas où des cadavres ne se sont pas altérés et sont parfois restés intacts une semaine durant, voire plus. Mais il n'y avait personne à ce moment-là pour diriger les expériences. Lorsque les scientifiques vinrent avec leur matériel, personne n'est décédé !

La séropositivité et la colère à l'approche de la mort

Votre Sainteté, en tant que séropositif, la colère que j'éprouve me freine dans le travail que je fais pour garder mon calme à l'approche de la mort. Qu'est-ce qui pourrait m'aider à mieux la gérer ?

C'est un vrai problème. D'autant plus que l'attitude de la société n'est pas saine dans la mesure où elle a tendance à marginaliser les séropositifs. Par ailleurs, les gens dans votre état connaissent le découragement et voient leurs forces mentales diminuer énormément. Pourtant, s'ils suivent une pratique, comme celle du bouddhisme, ils peuvent porter sur la mort un autre regard et considérer que, puisqu'ils ont plusieurs vies, cette fin-là n'est pas définitive, qu'il y aura d'autres naissances. Les événements et les expériences vécus dans le moment présent sont le fruit de nos actes, de notre karma : on ne doit pas forcément en chercher la cause dans les vies antérieures mais bien dans ce qui s'est passé ici-bas. Selon la loi de causalité, ce malheur est dû à un acte commis précédemment, ce qui est en soi une consolation, j'imagine.

J'ai rencontré des pratiquants tibétains qui m'ont entretenu de leurs expériences. Des malades au stade très avancé demandant à leurs médecins des verdicts honnêtes concernant la curabilité de leur état et son caractère terminal.

Le fait de connaître le temps qui leur est imparti leur procure une sorte de soulagement, leur permettant de réorienter leur vie et de régler des priorités. Tout dépend donc de la pratique de chacun. En dehors de cela, je n'ai pas d'autre réponse, je ne sais que vous dire, c'est très difficile.

L'euthanasie

Dans le cas d'une agonie terminale ou de lésions irréversibles, trouveriez-vous une excuse à celui qui donnerait la mort par pitié ou qui accompagnerait celle-ci ?

Voilà qui est également d'une grande complexité. Tout dépend du cas dont il s'agit. Si l'on s'en tient au point de vue bouddhiste qui considère que cette situation est due à un karma passé et qu'elle résulte donc des actions commises par la personne considérée, il faut bien qu'un jour ou l'autre on expérimente cette douleur difficile à supporter. Dans ces cas-là et lorsque des infirmières et des médecins peuvent prendre soin de vous, il est parfois préférable de connaître la douleur du corps humain. Si cela vous arrive dans une autre forme de vie, la situation peut se révéler réellement désespérée. C'est une façon de voir les choses.

Par ailleurs, le maintien de quelqu'un dans le coma sans espoir de retour à la connaissance est extrêmement dispendieux et source d'autres problèmes. Dans cette situation délicate, peut-être est-il possible d'agir de façon exceptionnelle, mais il est difficile de généraliser.

Il serait intéressant de comparer la pratique de l'euthanasie et celle du transfert de conscience proposé par les bouddhistes. La seconde est pratiquée sur soi-même. Ce qui est une première distinction. Par ailleurs, les objectifs sont différents. La pratique de l'euthanasie, quant à elle, est motivée par la volonté de soulager l'individu d'une trop forte douleur, tandis que le transfert de conscience offre l'opportunité à l'être humain de profiter des prémisses de la mort avant que les différents éléments de son corps physique n'atteignent un tel état de faiblesse que les signes de la dissolution ne soient plus perceptibles. On peut donc trouver quelque similarité dans les deux comportements.

La douleur du départ

Votre Sainteté peut-elle nous donner un conseil pour mieux supporter la douleur au moment de la mort ?

Celui qui pratique peut ressentir dans ces moments-là les effets positifs de sa démarche. Dans le cas contraire, il est très difficile d'expliquer ce qui peut être bénéfique à ce moment-là. C'est pourquoi, quelle que soit l'inclination de l'individu, il est utile de pratiquer dès le jeune âge ces méthodes de préparation dont j'ai déjà parlé, de se familiariser avec elles pour mieux y recourir quand le temps sera venu. Si on les a négligées, les considérant comme inutiles, il sera trop tard lorsque la situation deviendra désespérée.

Tout dépend de la connaissance, de la familiarité que vous avez acquise avec les différents points de la pratique. Si l'on maîtrise bien la méditation sur l'amour et la compassion, sur la non-substantialité des phénomènes, sur la nature impermanente de l'existence, si l'on a su donner — en procurant du bonheur aux autres et en prenant sur soi leur souffrance —, il est clair qu'en revoyant ces pratiques au moment de sa mort on sera en mesure de focaliser l'attention sur l'une d'elles. Cette familiarité permettra aussi de leur consacrer beaucoup de place, voire la plus grande partie de son mental, de sa conscience, diminuant d'autant la douleur et la rendant moins sensible. De la même façon, l'acquisition préalable du pouvoir de concentration permettra de centrer son attention sur le point douloureux et de pratiquer une méditation spéciale telle que la visualisation de la lumière blanche, des gouttes de vie et d'énergie subtile, d'objets particuliers, de mantras. Tout ce qui aura été appris et pratiqué sera d'un grand secours. Dans le cas contraire, il serait difficile d'indiquer la meil-

leure méthode pour maîtriser la douleur à ce
moment particulier.

Le karma et la prolongation inutile de la vie

*Si j'en crois ce que vous avez dit sur le karma,
quelles sont les responsabilités karmiques d'un
(ou d'une) professionnel(le) de la guérison s'il
vient à prolonger la vie et interférer dans le processus mortel ?*

En ce qui me concerne, je ne vois pas de contradiction entre le fait qu'un membre des profes-
sions de santé aide un patient à se maintenir en
vie et les responsabilités karmiques que cela
induit dans la mesure où le bouddhisme considère la mort comme la conséquence de nombreux facteurs et non simplement du karma.
Celle-ci serait une conséquence karmique si l'on
avait épuisé le potentiel du karma. Il arrive aussi
parfois que la mort résulte de circonstances particulières. Elle sera alors le résultat non pas de
l'épuisement du karma, mais du potentiel méri-
toire. Il existe différentes maladies : les unes ont
une cause karmique tandis que la cause provoquant les autres est plus extérieure ou intérieure.

La mort dont la cause est karmique concerne
les cas où rien ne peut l'empêcher, quels que
soient les moyens de la prévenir. Bien plus,
même lors d'une mort soudaine, aux conditions
extérieures, le karma joue également un rôle.

Quand il s'agit de prolonger la vie de quelqu'un, le fait même que ce soit possible et que les conditions soient rassemblées pour ce faire est une conséquence du karma.

Même chez les Tibétains, j'ai noté que certaines personnes ne prennent pas d'initiative et préfèrent utiliser le karma comme une sorte d'excuse. Voilà bien une démarche erronée. Qui donc crée le karma, sinon nous-mêmes par les actes que nous accomplissons. À partir du moment où je décide d'écrire quelques mots, cette action crée de nouvelles circonstances et cause un nouveau résultat. C'est la chaîne de la cause à effet qui se déroule sans cesse. Penser que le karma est une énergie indépendante est commettre une grande erreur. Notre vie quotidienne, la nourriture que nous ingérons, le travail que nous accomplissons, notre capacité de relation, tout en ce bas monde est le résultat de nos actes. C'est la chaîne de l'action et de sa conséquence. Et qui commet l'acte ? Nous commettons l'acte ! Je me méfie des méprises à propos de cette notion et je préfère être bien clair à ce sujet.

Quand bien même aurait-on accumulé beaucoup de karma négatif, il serait encore possible de changer et de le transformer en vertu. Tout dépend de l'action que nous menons par nous-même. C'est là l'essentiel. Tout pratiquant du bouddhisme se doit de bien comprendre ce point. S'il croit en l'existence de la nature de Bouddha qui permet d'atteindre l'illumination, la perfection, pourquoi ne croirait-il pas aussi en sa capacité de maîtriser différents problèmes ?

La doctrine du karma provoque des effets complexes qu'il est difficile de généraliser. Prenons l'exemple de mon corps, de ma main. Le fait qu'elle soit intimement liée aux sensations physiques de douleur et de plaisir est une évidence. Mais s'il fallait établir le pourquoi de cette partie de mon corps, il faudrait revenir au commencement des temps. Il s'agit là d'un phénomène d'ordre matériel, ou du produit d'un phénomène d'ordre matériel, dont on peut retrouver la trace bien avant, à une époque encore plus reculée qui pourrait nous faire remonter à l'étape primordiale de l'atome ou de la particule. Les écrits bouddhistes l'appellent la « particule espace ». Issue du processus d'évolution qui a traversé des milliards d'années, cette minuscule particule a trouvé son plein épanouissement dans le corps physique et animé qui est le mien, capable de commettre des actions provoquant la douleur et le plaisir. Ainsi, le fait même que ce corps est le mien résulte d'un karma, tandis que le fait qu'il soit la conséquence d'un continuum infini de particules matérielles ne peut être considéré comme le produit d'un karma. Dans ce cas-là, il s'agit simplement de la loi de la nature. Les objets matériels proviennent de sources matérielles.

Envisageons maintenant la différence entre l'esprit et le corps. Le phénomènes d'ordre matériel présentent certains traits qui leur donnent une caractéristique physique. Ils font de l'obstruction, tandis que les phénomènes d'ordre mental possèdent une nature claire et lumineuse. Porteurs de connaissance, ils ne peuvent obstruer. Le contraste entre les deux est également une loi de la nature. Il est impossible d'affirmer que leur existence contradictoire vient du karma.

Les écrits mahayana prennent en compte cette complexité de la réalité et montrent les différents moyens que nous avons de nous rapprocher d'elle. Ils proposent quatre principes pour mieux la comprendre. Le premier est l'induction logique applicable fondamentalement à notre compréhension de la nature ultime de la réalité, cela uniquement s'il existe un lien causal ou une relation d'interconnexion entre les phénomènes : l'un d'eux peut donner naissance à un autre et, lorsque plusieurs d'entre eux s'assemblent, ils peuvent produire un certain résultat. En se fondant sur ce principe de dépendance, il est possible d'appliquer un raisonnement logique.

Ce principe de dépendance est possible parce que en l'occurrence la matière et l'esprit, ou encore la conscience, bénéficient de statuts différents, de caractéristiques différentes. C'est là encore une loi toute simple de la nature appelée par les écrits mahayana « principe de la loi naturelle ». Compte tenu de la complexité de sa nature, il convient d'approcher l'étude de la réalité par différents modes de raisonnement. En ce sens, déterminer l'influence du karma reste une tâche difficile. Car s'il est aisé d'affirmer que les événements de notre vie sont produits par le karma, il est beaucoup plus périlleux de définir l'impact de celui-ci et de quantifier jusqu'à quel point nous expérimentons la conséquence pure et simple des mécanismes de la loi naturelle. Voilà un sujet de débat qu'il nous faudra examiner de plus près.

La mort des amis

Votre Sainteté, vous affrontez votre propre mort avec sérénité. Comment supportez-vous celle de vos amis ?

Je ne sais pas. Il m'arrive d'être très triste. Ce fut le cas lorsque mon frère aîné, le plus proche de moi, Lobsang Samten, est décédé, car c'était celui avec qui j'étais le plus proche et avec qui j'ai passé le plus de temps dans ma jeunesse, particulièrement à l'heure de l'exil. Le voyage de Lhassa à Dharamsala dura, je crois, deux longs mois. Savez-vous ce que sont les palanquins ? Nous en avions un tout petit pour nous deux. Nous aimions beaucoup nous amuser, et lorsque nous décidions de nous asseoir d'un seul côté, le tout chavirait. Alors, celui qui était responsable de nous se mettait à crier : « Arrêtez immédiatement ! arrêtez tout de suite ! » Il préférait nettement que nous nous querellions, car nous marquions alors une vraie démarcation. Je m'asseyais d'un côté, mon frère en face de moi, le palanquin était ainsi beaucoup mieux équilibré ! Je pense que notre accompagnateur ne savait pas ce qu'était le bonheur ! Il est vrai que lorsque j'ai perdu mon frère, j'ai vraiment été très, très triste. C'était là un fait, et depuis sa mort je me suis souvent demandé où se trouve sa réincarnation. Dans ce monde ou ailleurs ? Et si ce n'est pas ici-bas, où donc est-il ? Parfois je réfléchis à tout cela.

L'état d'esprit intermédiaire
entre la mort et la renaissance

Vous avez décrit un état intermédiaire de l'esprit entre la mort et la renaissance. Est-il lié à un processus de nature physique ou biochimique ou bien est-il indépendant de tout processus physique ?

Le fait que cet état intermédiaire ne possède aucun lien avec le corps terrestre est tout à fait évident si l'on s'attache aux textes. Ceux-ci décrivent que l'être possède à ce moment-là un corps constitué par nature d'énergies subtiles et non corporalisées, bien qu'il ait une sorte de couleur et de forme. On utilise souvent pour le décrire l'analogie avec le corps du rêve. Car certains méditants accomplis peuvent, au cours de l'état de rêve, expérimenter cet état en se donnant un

« corps de rêve », corps dont on dit qu'il est très proche de l'état intermédiaire. Il s'agit là d'une expérience d'ordre naturel que l'on peut aussi choisir de provoquer.

Votre question porte également sur l'énergie subtile, et un aspect particulier de l'esprit subtil. Pourtant on peut distinguer une couleur, parfois même une forme. Le sujet est délicat, complexe, mais on peut dire brièvement qu'il existe cinq éléments externes et cinq éléments internes. Ces derniers possèdent encore un plan grossier et un plan très subtil au sein duquel on compte là Claire Lumière qui en est un aspect, alors que l'autre est l'énergie subtile. Dans cette énergie-là, on trouve la graine des cinq éléments. Dès que l'on considère la Claire Lumière comme fondement de toute existence, je pense qu'il existe un lien entre les choses externes solides et la Claire Lumière. Les écrits bouddhistes tibétains accordent une place privilégiée à une force énergétique spécifique appelée l'« énergie des cinq rayons ». Il existe donc une relation entre le monde macroscopique de notre expérience quotidienne et le monde microscopique de l'énergie subtile, lien que l'on peut comprendre par la nature de cette force énergétique particulière. Il faut alors être capable de percevoir s'il existe une relation signifiante entre elle et ce que j'ai décrit comme les « particules d'espace ». Je n'ai, pour ma part, pas encore développé suffisamment ce concept.

La connaissance de la mort et le *Livre des morts tibétain*

Peut-on connaître le processus de la mort en lisant le Livre des morts tibétain *?*

Cela peut vous aider. Tout comme dans la description du processus de la mort et des diverses caractéristiques de l'état intermédiaire, il arrive que l'on trouve des divergences de présentations dans la littérature d'Abhidharma et celle du tantrisme. Il serait peut-être meilleur de lire davantage de textes. Cependant, la plupart des visualisations et des visions proposées par le *Livre des morts tibétain* sont particulières à la pratique des déités appelée le « mandala des déités colériques et paisibles » selon la terminologie de ce texte.

LA SITUATION DU TIBET

La gestion du Tibet et d'une forte population chinoise non bouddhiste

Si vous aviez l'occasion de retourner vivre dans un Tibet indépendant, serait-il difficile de concilier les principes bouddhistes de compassion avec la réalité du gouvernement d'un État dont une grande partie est composée de Chinois non bouddhistes ?

Les dernières décennies ont connu une dégradation importante de la culture et du mode de vie tibétains. Sans parler de nos frères et sœurs chinois, même chez les Tibétains, j'ai observé la montée d'un certain danger. Par exemple, le comportement des jeunes Tibétains qui se sont enfuis de leur patrie ces dernières années m'inquiète, car, malgré la force de leur sentiment d'identité nationale, ils réagissent tout de suite par la force et l'agressivité. Ces derniers mois, nous avons eu deux cas d'assassinat impliquant de jeunes réfugiés. Leurs motivations paraissent excellentes, mais leur humilité, leur honnêteté et leur capacité de compassion se sont considérablement dégradées. C'est également le cas en Inde parmi les Tibétains. Ce problème me préoccupe énormément et je me demande ce qui arrive réellement dans mon pays le Tibet.

Puisque telle est la réalité, nous devons l'affronter. Lorsqu'on est un homme libre — libre de parler, libre de penser, libre de ses mouvements —, on peut minimiser ces choses-là. Dans le futur, quand nous recouvrerons la liberté, je ne veux plus être le chef du gouvernement tibétain. J'ai pris ma décision, elle est irrémédiable. Nous avons élaboré un document officiel qui précise que, dès que j'aurai atteint un Tibet libre, nous constituerons un gouvernement d'intérim et que je mettrai mon autorité légitime entre ses mains. Il sera chargé d'organiser l'assemblée du peuple tibétain avant deux ans, puis élaborera la constitution tibétaine. Tout est d'ores et déjà décidé.

Le rôle à venir de Sa Sainteté au Tibet

Votre Sainteté, vous avez dit que le changement de comportement de certains Tibétains vous angoisse. Je me demande pourquoi vous avez décidé d'abandonner votre autorité historique au Tibet alors que les jeunes gens ont grand besoin d'un guide spirituel et politique.

L'abandon que je fais du pouvoir politique n'est pas synonyme d'abandon de ma responsabilité morale. En tant que tibétain bénéficiant du crédit des siens, il est de mon devoir de servir, d'aider l'humanité en général et particulièrement ceux qui ont mis toute leur confiance en moi, et ce, jusqu'à mon dernier souffle. L'une des raisons de ma décision est mon âge ; à cinquante-sept ans, il ne me reste peut-être plus que vingt ans de vie active, puis je serai trop âgé. De toute façon, au sein même de la communauté en exil en Inde, nous préparons déjà la démocratie, elle sera établie dans vingt ans. Au tout début, cela peut être difficile à mettre en place et provoquer des troubles, mais cela s'arrangera doucement par la suite. Le plus dur se passera lorsque je serai encore de ce monde.

D'autre part je pense que si je continue d'assumer toutes les responsabilités, cela pourrait constituer un obstacle au développement sain et harmonieux de la démocratie. Enfin, en tant que chef du gouvernement, si un problème se pose entre le gouvernement central et l'administration locale, ma présence ne ferait que compliquer les choses alors qu'en tant que tierce personne je pourrai tenter de résoudre les problèmes.

À titre personnel, je ne souhaite pas participer à tout ce qui est cérémonieux ; je n'aime pas les solennités qui me pèsent beaucoup. Je voudrais bénéficier d'un peu plus de liberté pour aller et venir sans protocole. Cette situation serait bien préférable. Voilà toutes les raisons pour lesquelles j'ai pris ma décision mais je ne renonce pas à la responsabilité qui me lie à mon peuple.

Utilisation de la violence pour libérer le Tibet

Votre Sainteté, pourquoi ne voulez-vous pas sacrifier vos convictions et utiliser la violence pour libérer le Tibet par une action mondiale puisque la conséquence de celle-ci serait l'allégement de la souffrance de votre peuple ?

Non je ne le crois pas. Ce serait l'escalade de la violence. La publicité qui serait faite pourrait nous aider; mais un point essentiel est de faire en sorte que la Chine et le Tibet parviennent à vivre côte à côte, qu'on le veuille ou non. C'est pourquoi la lutte nationale par la non-violence est la seule à permettre une vie harmonieuse, amicale, pacifique, dans l'avenir.

Une autre priorité doit être que les Chinois et les Tibétains eux-mêmes trouvent la solution de leurs problèmes. En cela, l'aide que peut nous apporter le peuple chinois est évidemment déterminante. Le choix, dans le passé, de la non-violence authentique nous a permis de recueillir l'adhésion de beaucoup plus de Chinois tant à l'intérieur qu'à l'extérieur de la Chine. Grand nombre d'entre eux soutiennent notre cause et, plus les jours passent, plus ils nous expriment leur sympathie ! Bien souvent, ils se heurtent à de sérieux obstacles pour défendre l'indépendance du Tibet, mais ils approuvent pleinement la façon dont nous luttons. Si les Tibétains prenaient les armes, nous perdrions immédiatement ce soutien.

Le soutien au Tibet

Que souhaite Votre Sainteté que nous fassions pour aider la cause tibétaine ?

Malgré les encouragements et le soutien que je reçois tant aux États-Unis qu'en Grande-Bretagne, nous avons toujours besoin de votre aide. Le problème tibétain concerne la cause des droits de l'homme mais également celle de la défense de l'environnement et des conséquences de la décolonisation. Ce qui est le plus épineux aujourd'hui est le transfert de la population chinoise. Votre soutien est nécessaire pour mettre fin à ce changement démographique fondamental. C'est actuellement le point crucial et, quoi que vous puissiez faire dans ce sens, nous vous en serons extrêmement reconnaissants.

IMPRIMERIE BUSSIÈRE À SAINT-AMAND (SEPTEMBRE 2001).
DÉPÔT LÉGAL   SEPTEMBRE 2001   N° 14693

La rencontre du bouddhisme et de l'Occident

"Rencontres avec le Dalaï-Lama"
Samsara (n° 10200)

Voici une belle occasion de prendre contact avec une personnalité exceptionnelle et de découvrir son enseignement. Le Dalaï-Lama se raconte et mêle son histoire personnelle avec celle de son peuple. En rappelant la façon dont il a quitté le Tibet, il évoque les grandes valeurs du monde occidental d'aujourd'hui. Sans prosélytisme ni dogmatisme, il expose les alternatives que peut lui proposer le bouddhisme.

"Les méditations du Dalaï-Lama"
La voie de la félicité (n° 4808)

Le Dalaï-Lama expose et commente une technique de méditation très spécifique au bouddhisme tibétain héritée d'Atisha, un saint érudit du XIe siècle. Destiné à harmoniser l'environnement extérieur et intérieur, cet enseignement se base sur une méditation très progressive et accessible à tous.

Il y a toujours un Pocket à découvrir

La rencontre du bouddhisme
et de l'Occident

"Aux sources du bouddhisme"
La lumière du Dharma (n° 4800)

Le Dharma désigne à la fois l'ordre qui régit le monde et la loi du Bouddha qui en est l'expression. Suivre le Dharma, c'est donc vivre en meilleure harmonie avec l'univers. Ce petit livre de sagesse tibétaine, qui expose de façon claire et accessible les notions fondamentales du bouddhisme, se veut une initiation à la philosophie du Bouddha.

"Au cœur du bouddhisme tibétain"
Le monde du bouddhisme tibétain (n° 4801)

Recueil de conférences données par le Dalaï-Lama à Londres, ce livre propose un exposé général sur le bouddhisme avant d'expliquer les particularités du bouddhisme tibétain ou Vajrayana. Passant en revue les théories et les pratiques de cette grande tradition spirituelle, le Dalaï-Lama réaffirme son attachement aux valeurs de l'amour et de la Responsabilité Universelle.

Il y a toujours un Pocket à découvrir